„Konservative Revolution" zu „Liberalismus"

von Hubert Milz

7.
Vnidades.

Die Abhandlung grenzt die Konservative Revolution und ihre Wiedergänger vom Liberalismus ab. Außerdem wird dargelegt, in welcher Art und Weise Vertreter der Konservativen Revolution versuchen Kippfiguren in anderen weltanschaulichen Gruppen zu formen.

„*An allem Unfug, der passiert,*
sind nicht etwa nur die schuld,
die ihn tun, sondern auch die,
die ihn nicht verhindern."

– ERICH KÄSTNER

© 2023, Hubert Milz
Herstellung und Verlag:
BoD – Books on Demand, Norderstedt
ISBN: 9783739224800

Inhaltsverzeichnis

Geschichte wiederholt sich nicht – Verhaltensmuster schon

2009 warnten verschiedene Autoren (bspw. Debora Dusse, Anja Grebe, Johannes Zechner) davor, dass sich in den westlichen Demokratien längst überwunden geglaubte Anschauungen breitmachen, die auch und besonders an intolerante, illiberale Denkmuster – z. B. an die „Konservative Revolution" der 1920er Jahre – von „links" und „rechts" aus der Zeit zwischen den Weltkriegen anknüpfen. Jene alten Denkmuster würden in künstlerischen, esoterischen und ökologischen Kreisen nur scheinbar zu neuen Cocktails verrührt, die Muster seien die gleichen wie früher: Die Welt wird polarisierend in Freund und Feind geteilt, mehr als nur simpel dargestellt und wichtige Themenfelder werden total verzerrt[1], wobei beide Seiten – „links" wie „rechts" – einen gemeinsamen Feind haben, nämlich den Liberalismus[2], der an allem Unheil dieser Welt – oder besser, an allem, was „links" und „rechts" missfällt – die Schuld trägt.

Ein Paradebeispiel von „links" ist der schweizerische Soziologe Jean Ziegler[3], für den der Liberalismus[4] mit

---

[1] Puschner, Uwe / Großmann, G. Ulrich (Hg).: Völkisch und national. Zur Aktualität alter Denkmuster im 21. Jahrhundert. Darmstadt 2009.

[2] Siehe Weiß, Volker: Die autoritäre Revolte. Die Neue Rechte und der Untergang des Abendlandes. Stuttgart 2018, S. 18f.

[3] Ziegler, Jean: Was ist so schlimm am Kapitalismus?: Antworten auf die Fragen meiner Enkelin. München 2019.

[4] Unter Liberalismus werden heutzutage allerlei Richtungen subsumiert – klassischer Liberalismus; Neoliberalismus; Libertarismus; Bindestrich-Liberalismus, wie bspw. Links-Liberalismus. Für eine differenzierte Darstellung ist hier im Text kein Platz. Daher als Anmerkung so knapp wie möglich:
Der klassische Liberalismus ist vereinfacht in zwei Stränge teilbar, in den konstruktivistischen Ableger der kontinentaleuropäischen

Aufklärungsepoche und in den Zweig der britischen „Old Whigs", dem bspw. bedeutende Denker wie Hayek und Röpke zuneigten.

Im Neoliberalismus spiegeln sich viele Facetten, ausführlich zum Neoliberalismus an sich, zu dem auch der deutsche Ordoliberalismus gehört; ausführlich dazu siehe bspw. Plickert, Philip: Wandlungen des Neoliberalismus. Stuttgart 2008.

Der Ausdruck „libertär" kommt aus den USA. Da der Begriff „liberal" mehr oder weniger von den linken US-Demokraten besetzt wurde, suchten die US-Freiheitlichen einen anderen Begriff, den sie in „Libertarismus" fanden – ein Ausdruck, der politisch erstmals durch den französischen Links-Anarchisten Joseph Déjacque im 19. Jahrhundert verwandt wurde. Die US-Libertären sind gleichwohl nicht homogen. Simpel zu unterscheiden sind sie als Anarcholiberale und Minarchisten, wobei die Minarchisten – einfach formuliert – den Erben des klassischen Zweigs der britischen „Old Whigs" zuzuordnen sind, siehe dazu z. B. Blankertz, Stefan: Das libertäre Manifest. 2. verbesserte Auflage, Grevenbroich 2002.

Außerdem gibt es eine Vielzahl sogenannter Bindestrich-Liberalen, bspw. „Links-Liberale". Wie Michael von Prollius in seiner Rezension (siehe Amazon) eines Buches von Mohler (Mohler, Armin: Gegen die Liberalen. Schnellroda 2010) deutlich macht, trifft Mohlers Polemik auf eine Vielzahl jener Bindestrich-Liberalen, die eigentlich getarnte Sozialdemokraten oder Grüne sind, in Teilen durchaus zu. Mohlers Polemik jedenfalls spiegelt den Hass auf den Liberalismus und die amerikanische Massenkultur überdeutlich.

Zu Mohlers Pamphlet siehe auch Kaeser, Eduard: Liberalenbeschimpfung;

https://www.journal21.ch/artikel/liberalenbeschimpfung.

seiner marktwirtschaftlichen Ordnung eine „kannibalistische Weltordnung" darstellt.

Zwei gute Beispiele von „rechts" sind der österreichische Psychologe Wolfgang Caspart[5] und der polnische Philosophieprofessor Ryszard Legutko[6].

Caspart pflegt ein strukturkonservatives Weltbild; und alles, was im realen Geschehen für Caspart ekelerregend ist, haben die Neoliberalen verursacht. Neoliberalismus bedeutet für Caspart die größtmögliche Unfreiheit Europas.

Bei Legutko sind klassischer Liberalismus, Neoliberalismus und liberale Demokratie mehr oder weniger Synonyme für dasselbe Unglück. Die liberale Demokratie und den real existierenden Sozialismus des untergegangenen Sowjetimperiums verabscheut Legutko gleichermaßen. Legutko ist jemand, der geschickt agiert. Er tarnt seine Behauptungen gekonnt, indem er ihnen den Anschein seriös-wissenschaftlicher Analyse verleiht. Unbedarfte Leser können leicht in die

---

[5] Caspart, Wolfgang: Das Gift des globalen Neoliberalismus. Mit Turbokapitalismus in die Krise. Wien 2008.

[6] Legutko, Ryszard: Der Dämon der Demokratie. Totalitäre Strömungen in liberalen Gesellschaften. Wien 2017.

Fänge Legutkos geraten, wenn die Leser nicht sehen, dass Legutko nur haltlose Behauptungen mit den Namen wichtiger liberaler Denker unterlegt, aber hierzu keinerlei Quellenangaben liefert, weil es diese Quellen nicht gibt.

Da die öffentlichen Bekenntnisse solcher Agitatoren, wenn sie Vorurteile bedienen, teils auf fruchtbaren Boden fallen, können und werden derartige Agitationen auch einen gewissen Erfolg verbuchen. Besonders ist dies der Fall bei Personen – dazu zählen auch Liberale –, deren Vorurteile aus latentem, mitunter auch vulgärem Antiamerikanismus und Antikapitalismus gespeist werden, diese Leute singen mehr oder weniger unreflektiert in ihren Rezensionen ein wahres Loblied auf Legutko.[7]

---

[7] Siehe bspw. Bandulet, Bruno: Deutschlandbrief. Der Aufstand gegen die EU. Eine aktuelle polnische Sicht auf die europäische Vergangenheit und Zukunft; in: eigentümlich frei, Heft 178, Dezember 2017, S. 8-9.
Die meisten Rezensionen des Buchs von Legutko bei Amazon sind geradewegs ein Paradebeispiel dafür, wie erfolgreich eine derartige Polarisierung sein kann.

So notierte Ludwig von Mises mit Blick auf „Links" und „Rechts" schon vor neun Jahrzehnten völlig richtig:[8]

„Beide … stimmen in der Gegnerschaft gegen den Liberalismus und in der Ablehnung der kapitalistischen Gesellschaftsordnung überein".

Dass Antikapitalismus kein Alleinstellungsmerkmal für „Links" ist, machte schon Hayek 1944 klar, sein Buch „Der Weg zur Knechtschaft" war den Sozialisten in allen Parteien gewidmet.
Kompakt zum Antikapitalismus der „Alten und Neuen Rechten" siehe Zitelmann, Rainer: Der neue Antikapitalismus von Rechts; https://www.misesde.org/2022/04/der-neue-antikapitalismus-von-rechts/.

[8] Mises, Ludwig von: Die Gemeinwirtschaft. Untersuchungen über den Sozialismus. 2. umgearbeitete Auflage, Jena 1932, S. 462.
Skándalon, Ärgernis ist gemäß der mimetischen Theorie in der Auslegung René Girards der Anstoß, um den Sündenbock – hier wäre dies der Liberalismus – zu vernichten. Da das Werk Girards recht vielschichtig und außerdem nicht dem eigentlichen Thema zugeordnet ist, erfolgt hier nur ein allgemeiner Verweis auf seine diesbezüglichen Arbeiten; Girard, Rene: Ausstoßung und Verfolgung: Eine historische Theorie des Sündenbocks. Frankfurt/M. 1992, derselbe.: Der Sündenbock. Zürich 1988 und derselbe: Figuren des Begehrens: Das Selbst und der Andere in der fiktionalen Realität. Münster 2012.

Dieser Satz hat auch heutzutage Geltung. Skándalon, das Ärgernis ist der Liberalismus für „Links" und „Rechts" gleichermaßen, nicht nur in Deutschland, sondern überall in der EU – bspw. in Polen, Ungarn, Italien oder Frankreich polarisieren unterschiedlich stark die politischen Kräfte am rechten und linken Rand gegen freiheitliche Ordnungen, begleitet von einer Erosion alter Parteien, die vormals das Politische prägten. Es handelt sich also nicht nur um ein deutsches Problem, auch wenn hier auf die „Konservative Revolution" der 1920er Jahre und deren heutigen Wiedergängern abgestellt wird – alte Muster wiederholen sich.

„Obgleich sich in Deutschland
ein Gelehrten- und Spezialistentum
auf allen Gebieten des geistigen Lebens
zu voller Blüte entwickelte,
waren gerade diese Menschen nicht
in der Lage, die einfachsten politischen
Fragen richtig zu beantworten.“

– Hans Scholl

Die 1920er Jahre – „die Konservative Revolution in Deutschland“

Armin Mohler unterteilte „die Konservative Revolution in Deutschland“ in seiner Dissertation[9] in fünf Hauptgruppen: „Nationalrevolutionäre, Jungkonservative, Völkische, Bündische und Landvolkbewegung“.

---

[9] Mohler, Armin: Die Konservative Revolution in Deutschland 1918-1932. Ein Handbuch. Hauptband und Ergänzungsband. 4. Auflage, Darmstadt 1994.

Mohlers Zuordnungen und Gliederungen der „Konservativen Revolutionäre" sind seltsam, unter dem „paradoxen Begriff" verrührte Mohler mittels waghalsiger Konstruktionen, verantwortungslosen Unterschlagungen und seltsamen Märchen Dutzende von vielfach gänzlich gegensätzlichen Publizisten zu einer bizarren Brühe.[10]

Schon der Ausdruck „Konservative Revolution" an sich signalisiert eine falsche Botschaft: Konservative wollen bewährte Traditionen, Werte und so fort pflegen, bewahren und behutsam fortentwickeln; „Konservative Revolutionäre" hingegen wollen zuerst alles zerstören (Nihilismus pur), um dann das aufzubauen, was es zu bewahren gilt[11]. Das scheinbar Konservative der „Konservativen Revolutionäre" war nur Mittel zum Zweck, ein Instrument des politischen Kulturkampfs,

---

[10] Vgl. Breuer, Stefan: Anatomie der Konservativen Revolution. 2. Auflage, Darmstadt 1995, Sonderausgabe 2005, S. 191ff. und Weiß, Volker: Die autoritäre Revolte. Die Neue Rechte und der Untergang des Abendlandes. Stuttgart 2018, S. 44ff.

[11] Moeller van den Bruck, Arthur: Das dritte Reich. Hamburg 1931, S. 189 und S. 202.

genauso auch das Christentum[12]. Gerade für den „kriegerischen Islam" bekundeten etliche „Konservative Revolutionäre" ihre Sympathie – übrigens, selbstverständlich Hitler in „Mein Kampf" auch.

So wurden z. B. Nationalkonservative, die sich selbst etwas vormachten – bspw. esoterischen Reichsideen frönten – meinten, dass Freiheit exklusiv nur für Volksgenossen gelten darf, die sich stolz und freiwillig dem Kollektiv, repräsentiert durch die richtige Obrigkeit, unterwarfen – trotz Berufung auf christliche Werte einem verzerrten, keineswegs universalistischen Menschenbild[13] anhingen, damit im Grunde gegen die christliche Lehre vom Menschen standen –, mit konservativ-pathetischen Phrasen und scheinbar nationalem Pathos an die „Konservative Revolution" gebunden und bei Laune gehalten. Es ist

---

[12] Bspw. beim zum „Tat-Kreis" zählenden Giselher Wiersing.

[13] Zum christlichen Menschenbild siehe z. B. Pieper, Josef: Über das christliche Menschenbild. Freiburg 1995.

eben die Art von Nationalkonservativen, die damals wie heute der problematischen Rechten zuzuordnen sind.[14] Heutzutage ist dies kaum anders. Die Neue Rechte schürt bspw. mit Stammtischparolen die Angst vor dem Islam, sieht in diesem jedoch eigentlich nicht einen Gegner, sondern beneidet den Islam um seine kämpferische Grundhaltung.[15]

---

[14] Mehr dazu siehe Breuer, Stefan: Ordnungen der Ungleichheit. Die deutsche Rechte im Widerstreit ihrer Ideen 1871–1945. Darmstadt 2001.

[15] Siehe bspw. Hagedorny, Matheus: Für das Kopftuch, gegen den Westen – warum deutsche Rechtsextreme mit radikalen Muslimen sympathisieren; https://www.nzz.ch/feuilleton/verbuendete-im-kampf-gegen-die-liberale-dekadenz-warum-deutsche-rechtsextreme-mit-radikalen-muslimen-sympathisieren-ld.1658249.

„Hütet euch vor den falschen Propheten;
sie kommen zu euch wie Schafe,
in Wirklichkeit aber sind sie reißende Wölfe.“

– NEUES TESTAMENT

Kurze Profile wichtiger „Konservativer Revolutionäre“

Der „Konservative Revolutionär" *Carl Schmitt*[16] wurde von Mohler den „Jungkonservativen" zugeschlagen, obwohl Schmitt in den 1920er Jahren über einige führende „Jungkonservative" beißenden Spott

---

[16] Zu Schmitt siehe bspw. Holmes, Stephen: Die Anatomie des Antiliberalismus. Hamburg 1995, S. 75-114 und die kompakte Darstellung bei Assheuer, Thomas / Sarkowicz, Hans: Rechtsradikale in Deutschland. Die alte und die neue Rechte. München 1994, S 156-164.
Weitere „jungkonservative" Profile (z. B. Hans Freyer, Arnold Gehlen, Martin Heidegger, Ernst Jünger, Konrad Lorenz, Othmar Spann, Oswald Spengler) sind zu finden bei Assheuer, Thomas / Sarkowicz, Hans: Rechtsradikale in Deutschland. Die alte und die neue Rechte. München 1994 und Hufer, Klaus-Peter: Neue Rechte, altes Denken: Ideologie, Kernbegriffe und Vordenker. Weinheim 2018.

ausschüttete. Schmitt war widersprüchlich, er wirkte voraufklärerisch und war trotzdem der Moderne verpflichtet, zudem war Schmitt antiparlamentarisch und zutiefst antiliberal. Den Liberalismus verwarf er als eine die heldenhafte Aggressivität schwächende Lehre. Er glaubte an den nationalen Mythos und das Führerprinzip – sein Aufsatz der Schande „Der Führer schützt das Recht"[17] lässt grüßen. Gleichwohl sah Schmitt – seine katholische Prägung konnte er nicht leugnen – in Ehe, Familie, Privateigentum und Religion Institutionen, die dem Zugriff des Staates zu entreißen sind.

Der Amerikaner Stephen Holmes zeigte, dass Schmitt bis heute einflussreich und wirkmächtig ist. Holmes setzte mit seiner Untersuchung über den Antiliberalismus beim strukturkonservativen, antiliberalen Reaktionär Joseph de Maistre ein und gelangte über Carl Schmitt und Leo Strauss zu Alasdair MacIntyre, Christopher

---

[17] Vgl. Holmes, Stephen: Die Anatomie des Antiliberalismus. Hamburg 1995.

Lasch und Roberto Unger, damit in die heutige Zeit[18]. Dadurch wird deutlich, wie tief die antiliberalen Tendenzen in Teilen der Ideenwelt des Westens eingebunden sind.

Eine der schillerndsten Figuren der „Konservativen Revolution" war *Arthur Moeller van den Bruck*[19]. Seit 1945 versuchen Alte und Neue Rechte ihn, als immens wichtige Gestalt der „Konservativen Revolution", von jeglicher Mitschuld am Aufkommen der Hitler-Barbarei reinzuwaschen. Oftmals wird dazu auf einen (Moeller van den Bruck zugeschrieben) Artikel verwiesen, in dem Moeller van den Bruck seine Verachtung für den NS beweise, da er Hitler eine „proletarische Primitivität" attestierte. Dieser Artikel und noch andere wurden vom Historiker Volker Weiß, der über Moeller van den Bruck promovierte, einer akkuraten Textanalyse unterzogen. Weiß wertete als erster Historiker im Bundesarchiv Berlin-Lichterfelde das vom NS zu Ehren

---

[18] Vgl. Holmes, Stephen: Die Anatomie des Antiliberalismus. Hamburg 1995.

[19] Weiß, Volker: Moderne Antimoderne. Arthur Moeller van den Bruck und der Wandel des Konservatismus. Paderborn 2012.

Moeller van den Brucks eingerichtete Arthur-Moeller-van-den-Bruck-Archiv aus. Weiß kommt zu dem durchaus logischen Schluss, dass Hitlers „proletarische Primitivität" von Moeller van den Bruck mitnichten negativ gemeint war, sondern eher als ehrfürchtiges Kompliment.

Das Bild, das in der Literatur über Moeller van den Bruck gezeichnet wird, ist widersprüchlich. Moeller van den Bruck war dem Konservativen verpflichtet, ohne eigentlich konservativ zu sein. Er forderte, dass die „Konservativen Revolutionäre" Erhalter und Empörer zugleich sein sollten, dass sie das, was es zu erhalten galt, erst einmal neu zu schaffen haben[20]. Er war antimodern und doch dem Modernismus verbunden; er bekämpfte Liberalismus und Sozialismus und übernahm trotzdem von beiden relevante, ihm passende Stichworte; er war

---

[20] Moeller van den Bruck, Arthur: Das dritte Reich. Hamburg 1931, S. 189 und S. 202.

Siehe dazu – „Erhalter und Empörer zugleich" – auch den Kommentar von Breuer, Ingeborg: Antiliberal und autoritär; https://www.deutschlandfunk.de/alte-und-neue-rechte-antiliberal-und-autoritaer-100.html.

antidemokratisch und betrachtete sich selbst als Demokraten.

Trotz dieser Widersprüche zeigt sich, dass er das ablehnte, was man gemeinhin mit abendländischer Kultur und konservativen Wertvorstellungen verbindet. Und auch, dass er ein entschiedener Gegner nicht nur des roten Sozialismus war, sondern ebenso verbissen Liberalismus, Parlamentarismus und pluralistisches Parteiensystem ablehnte. Eine kleine Elite sollte in seinem speziell „deutschen Sozialismus" die Macht im Staate sein. Der verweichlichte Westen war für ihn kein Partner. Deutschlands Zukunft sah er im Osten, ausdrücklich verbunden mit einer Zuwendung zur UdSSR. Moeller van den Bruck war nicht nur wichtiger Stichwortgeber der „Jungkonservativen", sondern auch wirkmächtig in den nationalbolschewistischen Gruppen der „Konservativen Revolution", die wiederum den linken NS-Flügel um Strasser und Goebbels inspirierten.

Edgar Julius Jung war Weltkriegsteilnehmer, Freikorpsmitglied, promovierter Jurist und Kommandant des Stoßtrupps, der 1924 die Führer der Separatistenbewegung „Autonome Pfalz" ermordete.

Ab 1926 baute Jung in München einen konservativ-revolutionären Club speziell für den akademischen Nachwuchs auf. Sein Buch „Die Herrschaft der Minderwertigen"[21] katapultierte ihn dann an die Spitze der „Konservativen Revolution".

---

[21] Für Kurzbiographien zu Jung, siehe Graß, Karl-Martin: Jung, Edgar Julius; in: Neue Deutsche Biographie 10 (1974), S. 669-671 [Online-Version: https://www.deutsche-biographie.de/pnd118714112.html#ndbcontent) und Wosnitzka, Daniel: Edgar Jung 1894-1934. Deutsches Historisches Museum, Berlin 2014 (Museum online: https://www.dhm.de/lemo/biografie/edgar-jung).

Jung, Edgar Julius: Die Herrschaft der Minderwertigen. Ihr Zerfall und ihre Ablösung. Berlin 1927. Die zweite Auflage erweiterte Jung um das Doppelte: Die Herrschaft der Minderwertigen. Ihr Zerfall und ihre Ablösung durch ein neues Reich. Berlin 1930 (Nachdruck 1931).

Maaß befasste sich in einer Monographie ausführlich mit dem publizistischen Werk Jungs; siehe Maaß, Sebastian: Die andere deutsche Revolution. Kiel 2009. Seine Sympathien für Jung verbarg Maaß nicht. Maaß' Buch führt unstrittig in das Denken Jungs ein; Maaß ist aber auf die Reinwaschung und Rechtfertigung Jungs ausgerichtet. Maaß versucht Jung von jeglicher Mitschuld am NS freizusprechen, Jung gar als Widerständler der ersten Stunde hinzustellen.
Dies ist eindeutig falsch! Noch Anfang der 1930er Jahre berichtete Jung in den „Münchner Neuesten Nachrichten" stolz über seine

In diesem Buch lässt Jung an der parlamentarischen Weimarer Demokratie kein gutes Haar. Parlamentswahlen und die Beschaffung parlamentarischer Mehrheiten zeichnete er als verantwortungslose Gewaltherrschaft, die zu ersetzen ist durch die Herrschaft eines autoritären Präsidenten, der über den Parteien steht und den Gesamtwillen des Volkes in sich aufgenommen hat, diesen Gesamtwillen verkörpert. Der Staat soll regional anhand der Stämme des Volkes gegliedert werden, so dass die Großstaaten (insbesondere Preußen) verschwinden, da diese einer kraftvollen Föderation des Volkes hinderlich sind.

Für Jung waren dies nur erste Schritte, die zur Rettung des Abendlandes von Nöten wären. Das erfolgreiche Beispiel des deutschen Volkes werde schließlich eine Föderation aller europäischen Kulturstaaten bewerkstelligen, deren Führung dem deutschen Volk

---

Mordaktion in der Rhein-Pfalz und blickte befriedigt auf die zunehmenden politischen Erfolge der NSDAP, der er Mitte der 1920er Jahre auch beitreten wollte. Vgl. z. B. Kohlstruck, Wolfgang: Edgar Jung - ein Märtyrer?; in: https://web.archive.org/web/20150924072024/http://www.pfarr erblatt.de/text_166.htm und Küpper, Reiner: Der ‚Ghostwriter' des ‚Herrenreiters'. Universität Duisburg-Essen 2010 (PDF-Datei).

gemäß seiner geistig-seelischen Verfasstheit zustehe. „Abendland" und „Reich", die Inhalte beider Vokabeln schließen bei Jung an den verklärten Gedanken der deutschen Romantik an, werden bei ihm antiliberal und antidemokratisch auf kollektivistisch gemünzt. „Abendland" und „Reich" sind bei Jung christlich-völkisch angelegt. Ansätze dafür sind schon in der Romantik bei Friedrich Schlegel zu verorten, wurden von Oswald Spengler fortgesponnen, um schließlich durch den NS völlig verzerrt zu werden, so dass beide Vokabeln, je nach Bedarf, gegen den dekadenten, westlichen Liberalismus oder mit dem – eigentlich verachteten – liberalen Westen gegen den barbarischen Orient (dem das Judentum zugeordnet wurde) instrumentalisiert wurden.[22]

Jungs Ausführungen zum Aufbau des Staates erinnern an Othmar Spann. Spann und der strukturkonservative Reaktionär Joseph de Maistre dienten als Stichwortgeber

---

[22] Unter anderen Vorzeichen agiert das „Schnellroda-Lager" heutzutage ähnlich; mit der Formel der „europäischen Werte" findet sich „Links" das Pendant.
Mehr zu Wandel und Missbrauch der Vokabel „Abendland", siehe Weiß, Volker: Die autoritäre Revolte. Die Neue Rechte und der Untergang des Abendlandes. Stuttgart 2018, S. 115-186.

Jungs, ebenfalls die „Ideen von 1914" (Johann Plenge – deutsche Freiheit versus westliche Demokratie) und verschiedene sozialistische Ideen, die man schon bei Ferdinand Lassalle und Karl Rodbertus findet. Die Eliten (oder der neue Adel), die Jung als Führer von Staat, Gesellschaft und Wirtschaft forderte, sollten Eliten (ein Adel) der Gebildeten sein; eine Art „Herrenclub". Dabei waren für Jung starke, autonome und funktionierende Familien die Urzellen seiner Gesellschaft. Sie sollten Grundlagen legen, um die Menschen zu formen, die dem Herrenclub dauerhaft den elitären (adligen) Nachwuchs zu sichern hat.

Jungs Ausführungen zur Marktwirtschaft sind schwammig und widersprüchlich. Er bevorzugte eine privatwirtschaftliche Ordnung und lehnte den individualistischen und liberalistischen Kapitalismus als dem deutschen Wesen fremd ab. Die Arbeiterschaft wollte Jung durch umfangreiche Beteiligungen am Eigentum an seinen Volksstaat binden. Parallelen zu deutschen Ökonomen der Weimarer Zeit, die einen dritten Weg zwischen Kapitalismus und Sozialismus suchten, sind in den ökonomisch relevanten Teilen des jungschen Buchs zu finden[23]; an manchen Stellen schimmern ähnliche Gedanken wie im „Sklavenstaat" (1912) des liberalen britischen Politikers Hilaire Beloc durch.[24]

Die Ungebildeten – dazu zählte Jung auch die ohne innere Reife nur äußerlich Gebildeten und besonders den „Pöbel im Seidenhut" (Wohlhabende), alle, die nur triebhaft im Genuss und Konsum schwelgen – schloss Jung als eindeutig disqualifiziert aus. Ebenfalls schloss Jung die Juden als einen Fremdkörper aus, der anmaßend wichtige Schaltstellen im deutschen Staat besetzte. Juden sollten Zionisten werden und auswandern; blieben sie, dann würden sie im Staat des ‚jungschen Volkstums' in den Stand einer Minderheit mit eingeschränkten Rechten herabgesetzt werden.[25]

---

[23] Lüdders, Marc: Die Suche nach einem «Dritten Weg». Beiträge der deutschen Nationalökonomie in der Zeit der Weimarer Republik. Frankfurt/M. 2004.

[24] Belloc, Hilaire: Der Sklavenstaat. Bad Schmiedeberg 2019 (die englische Erstausgabe erschien 1912, die deutsche Übersetzung von Arthur Salz 1924).

[25] Die angeführten antisemitischen Passagen befanden sich noch nicht in der ersten Auflage; erst in der 2. Auflage zeigt sich auch der Antisemit Jung.

Konzepte, wie seine Vorstellungen umzusetzen sein sollten, lieferte Jung nicht, hier verharrte er im phrasenhaft Nebulösen.

Der Einfluss Jungs und Moeller van den Brucks auf die „Konservativen Revolutionäre" ist nicht zu unterschätzen, besonders auf den „Tat-Kreis". Der Name „Tat-Kreis"[26] leitet sich ab von der einflussreichen Monatsschrift „Tat". Diese war ein Sprachrohr der „Jungkonservativen" und Betreiber des „publizistischen

---

Reitmayer machte klar, dass Jung in einem Aufsatz aus 1933 mit dem Titel „Adel oder Elite" den Ausdruck „Elite" nunmehr ablehnte, weil aus dem bürgerlichen Leistungsbegriff kommend, somit individualistisch, konkurrenzorientiert, dynamisch und kapitalistisch. Der neue Adel – der Adel jungscher Art – hingegen verkörpere das Seinsprinzip Siehe Reitmayer, Morten: "Elite" im 20. Jahrhundert; in: Aus Politik und Zeitgeschichte. https://www.bpb.de/shop/zeitschriften/apuz/181766/elite-im-20-jahrhundert/?p=all#footnode8-8.

[26] Kurt Sontheimer analysierte die Wirkung des „Tat-Kreises, der wesentlich zur geistigen Vorbereitung des „braunen Totalitarismus" beitrug, siehe Sontheimer, Kurt: Der Tatkreis; in: Vierteljahreshefte für Zeitgeschichte, Heft Juli, München 1959, S. 249-260; ebenfalls zum Tat-Kreis publizierte Sontheimer in der FAZ am 01.07.1959. Das Zitat zum Ende des Gliederungspunkt stammt aus „Der Tatkreis".

Angriffs auf die Verfassung von Weimar". [27] Wichtige Figuren der Zeitschrift waren – neben dem Herausgeber Hans Zehrer, dem „Duce des Tatkreises"[28] – Ferdinand Fried, Giselher Wirsing und Ernst Wilhelm Eschmann.

Ab 1929 schrieb Fried für den „Tat-Kreis"; nach 1933 trat Fried der SS (Sturmbannführer) und der NSDAP bei; für Himmler war Fried tätig im „Reichsnährstand", im „Lebensborn", im „Rasse- und Siedlungshauptamt" und natürlich auch als Journalist; nach Kriegsende arbeitete Fried als leitender Wirtschaftsredakteur für Springers „WELT".

Wirsing wurde nach 1933 SS-Sturmbannführer und arbeitete als Journalist für Himmlers SD; nach Kriegsende arbeitete Wirsing zeitweise für den US-Geheimdienst und wurde Chefredakteur der Wochenzeitung „Christ und Welt", einem offiziellen Blatt der Evangelischen Kirche.

---

[27] Vgl. Köpf, Peter: Schreiben nach jeder Richtung. Goebbels-Propagandisten in der westdeutschen Nachkriegspresse. Berlin 1995, S. 34 f.

[28] So Hellmuth von Gerlach in der „Weltbühne" 1932, vgl. Köpf, Peter: Schreiben nach jeder Richtung. Goebbels-Propagandisten in der westdeutschen Nachkriegspresse. Berlin 1995, S. 34.

Eschmann wurde nach 1933 Soziologieprofessor in Berlin und Mitarbeiter des „Deutschen Auslandswissenschaftlichen Instituts", welches die für das Ausland vorgesehenen NS-Nachwuchskräfte und NS-Verwaltungsbeamte schulte; nach 1945 war er zunächst freischaffend tätig und wurde 1960 in Münster Professor für Philosophie, Soziologie und Geistesgeschichte.

Die Karriere des „Duces des Tatkreises" hingegen erlitt ein paar Brüche. Zehrer wurde wegen seiner nicht-arischen Frau nach 1933 de facto mit Berufsverbot belegt – zumindest bis zur Trennung 1938 und Scheidung 1939. Wegen seiner Nähe zu General von Schleicher setzten die Engländern Zehrer im März 1946 als Chefredakteur der „WELT" ab. Axel Springer, seit 1941 mit Zehrer befreundet, erwarb 1953 die „WELT" und berief Zehrer wieder zum Chefredakteur der „WELT".[29]

---

[29] Vgl. Köpf, Peter: Schreiben nach jeder Richtung. Goebbels-Propagandisten in der westdeutschen Nachkriegspresse. Berlin 1995, S. 34ff. und S. 39, siehe auch den Artikel aus zu „75 Jahre WELT" von Schmid, Thomas: Von Sylt nach Moskau. Die linken Jahre der WELT. https://www.welt.de/debatte/kommentare/article230032181/Axel-Springer-und-Hans-Zehrer-Die-linken-Jahre-der-WELT.html.

Sontheimer interviewte 1956 Eschmann, der im Gespräch ausführte: *„Wir hatten keine richtigen Prinzipien. ... Die Idee des Naturrechts, der unveräußerlichen Rechte des Menschen war uns fremd."* Eine aufschlussreiche Aussage.

Ausführlich zu Wirsing siehe Löbbert, Raoul: Der Nazi von Christ und Welt. Christ & Welt, 30.08.2012, PDF-Datei.
Umfassend zu Eschmann siehe Plöger, M. Frederik: Soziologie in totalitären Zeiten: Zu Leben und Werk von Ernst Wilhelm Eschmann (1904-1987). Münster 2007.
Zu Fried siehe wiederum Köpf, Peter: Schreiben nach jeder Richtung. Goebbels-Propagandisten in der westdeutschen Nachkriegspresse. Berlin 1995, S. 75f.

Köpfs Buch (Schreiben nach jeder Richtung) ist eine Fundgrube, um Informationen über die Nachkriegskarrieren der NS-Propagandisten zu erhalten; bspw. zu Henri Nannen, dem Gründer des Magazins „Der Stern", der im „Tausendjährigen Reich" beim Franz-Eher-Verlag – dem NS-Zentralverlag – seine NS-Karriere startete und für die SS-Propagandaabteilung der Luftwaffe tätig gewesen war (S. 136f.).

„Die Angst vor dem ‚Beifall
von der falschen Seite‘
ist nicht nur überflüssig.
Sie ist ein Charakteristikum
totalitären Denkens.“

– HANS MARKUS ENZENSBERGER

Liberale und die „Konservative Revolution“

Wo standen die Liberalen in jener Zeit? Jens Hacke gab darauf eine knappe, prägnante Antwort[30]: *„Selten haben Liberale intensiver über die Bestandsbestimmungen und die Fragilität einer demokratischen Ordnung nachgedacht als in der Krise der Zwischenkriegszeit“*.

Hacke reflektierte die vielfältigen Positionen der liberalen Denker, bspw. von solchen wie Meinecke oder Rüstow, die durchaus skeptisch die Gefahren einer Allmacht des Parlaments für Demokratie und Freiheit

---

[30] Hacke, Jens: Existenzkrise der Demokratie: Zur politischen Theorie des Liberalismus in der Zwischenkriegszeit. Berlin 2018, Zitat siehe Buchrücken.

beobachteten und auch derjenigen, die wie Röpke unbedingt für eine freie Republik fochten, ohne dabei die Fragilität der Freiheit aus den Augen zu verlieren.

Für ein beispielhaftes liberales, kämpferisches Naturell steht der Name Wilhelm Röpke. Götz Aly[31] bspw. attestierte, dass Röpke ein *„Meister der politischen Prognose"* war, ein Mann der *„ein Leben in der Brandung"*[32] führte. Röpkes Weltanschauung verneinte alles das, was die „Konservativen Revolutionäre" und die übrigen Feinde der Republik anstrebten. Röpkes politische Weltanschauung ruhte auf dem „Kulturideal des Liberalismus".
Liberalismus war für den Ökonomen Röpke mehr als nur Wirtschaftsfreiheit, sein Liberalismus war verankert in einer kompletten Sozialphilosophie, die fest in der in 3.000 Jahren gewachsenen Kultur Europas wurzelte – im Erbgut der Errungenschaften der Antike, des

---

[31] Siehe Aly, Götz: Wilhelm Röpke gegen Volk und Führer. Liberale Kritik am nationalen Sozialismus; in: derselbe: Volk ohne Mitte: Die Deutschen zwischen Freiheitsangst und Kollektivismus. Frankfurt/M. 2015, S. 120.

[32] So der Titel der Röpkebiographie von Hennecke, Hans Jörg: Wilhelm Röpke. Ein Leben in der Brandung. Stuttgart 2005.

Christentums und des Humanismus. Ein Verrat an diesem Patrimonium barg die große Gefahr der Installierung einer illiberalen Demokratie, einhergehend mit dem Rückfall in die Barbarei[33]; die Feinde einer freien Republik wären gewillt, den über viele Jahrhunderte gewachsenen und gepflegten Garten der abendländischen Kultur zu zerstören, um die Urwälder Germaniens wieder aufzuforsten.[34]

---

[33] Siehe Röpke, Wilhelm: Epochenwechsel?; in: derselbe: Wirrnis und Wahrheit: Ausgewählte Aufsätze. Erlenbach-Zürich 1962, S. 105-124.

Die beiden Publikationen von Maaß, die für diesem Text herangezogen wurden, sind ziemlich eindeutig: Alte und Neue Rechte verwerfen alles oder zumindest zum großen Teil das, was bspw. Wilhelm Röpke als das Patrimonium Europas (Errungenschaften der Antike, des Christentums und des Humanismus) bezeichnete. Alte und Neue Rechte betreiben *„nichts weiter als Verrat an Europa. (Sie) zerstören gerade das, was wir zu verteidigen haben und was uns selber Europa ebenso liebenswert wie der ganzen Welt unersetzlich macht."* Diese Formulierung Röpkes stammt aus einem anderen Zusammenhang, passt hier jedoch zu 100%, siehe Röpke, Wilhelm: Europa – Einheit in der Vielheit; in: derselbe: Marktwirtschaft ist nicht genug: Gesammelte Aufsätze. Waltrop 2009, S. 247.

[34] Siehe Röpke, Wilhelm: Grabrede auf Walter Troeltsch; in: derselbe: Marktwirtschaft ist nicht genug. Waltrop 2009, S. 37-38 und Röpke,

Wilhelm: Der Weg des Unheils. Berlin 1931; Röpke, Wilhelm: Epochenwechsel?; in: derselbe: Wirrnis und Wahrheit: Ausgewählte Aufsätze. Erlenbach-Zürich 1962, S. 105-124.

Weiß legte dar, dass auch die Neue Rechte das Barbarische höher schätzt als das kulturelle Erbgut Europas, vgl. Weiß, Volker: Die autoritäre Revolte. Die Neue Rechte und der Untergang des Abendlandes. Stuttgart 2018, S. 231-240. Mit Röpke formuliert: Die Wiedergänger der Konservativen Revolution sind Zerstörer des gepflegten Gartens der Kultur.

Der Angriff gegen die gewachsene Kultur kommt heutzutage – wie vor 100 Jahren auch – nicht nur von „Rechts". Beschränkt sich bspw. die Auslegung und/oder Anwendung des politischen Schlagworts „Cancel Culture" nicht nur im engeren Sinne auf den „Diskurs" in den sogenannten sozialen Medien und deren sonstigen Ableger, sondern dehnt man die Auslegung auf den kompletten Kultur- und Bildungsalltag aus, dann wird die gewachsene Kultur von mehreren Seiten angegriffen und angefeindet. Ein paar Beispiele dazu aus dem Ozean der Artikel: Krempl, Stefan: Cancel Culture: "Das ist das Gift, das uns gerade zersetzt"; https://www.heise.de/news/Cancel-Culture-Das-ist-das-Gift-das-uns-gerade-zersetzt-6035332.html; Laudenbach, Peter: "Die Kunstfreiheit wird von zwei Seiten angegriffen". Ein Gespräch mit Peter Raue über "Cancel Culture", Ängste, Urteile und Vorverurteilungen im deutschen Kulturbetrieb; https://www.sueddeutsche.de/kultur/peter-raue-cancel-culture-theater-kunst-me-too-kunstfreiheit-1.5427643?reduced=true; Leggewie, Claus: „Hier wird ja auf Verdacht randaliert"; https://www.deutschlandfunkkultur.de/claus-leggewie-ueber-cancel-culture-hier-wird-ja-auf-100.html und Seeßlen, Georg: Es

Röpke nutzte für seinen publizistischen Kampf gegen den Ungeist der Feinde der Republik Presseorgane wie die „Frankfurter Zeitung".[35] Mittels einer Artikelreihe in der „Frankfurter Zeitung" kreuzte Röpke unter dem Pseudonym „Ulrich Unfried" mit dem „Jungkonservativen" Ferdinand Fried vom „Tat-Kreis" publizistisch die Klingen. Röpke feuerte dabei Breitseite auf Breitseite gegen die „Konservative Revolution" ab. Die ökonomischen Analysen des Tatkreises zur Vetternwirtschaft und Kungeleien mit politisch Mächtigen waren per se nicht falsch, jedoch

---

wird schmerzhaft; https://www.zeit.de/kultur/2020-06/cancel-culture-struktureller-rassismus-kolonialismus-popkultur.

Vertiefend zu dem Komplex des „linken" und „rechten" Kampfs gegen die gewachsene westliche Kultur siehe Ackermann, Ulrike: Das Schweigen der Mitte. Wege aus der Polarisierungsfalle. Darmstadt 2020 und dieselbe: Die neue Schweigespirale. Wie die Politisierung der Wissenschaft unsere Freiheit einschränkt. Darmstadt 2022.

[35] Die einzelnen Artikel finden sich in der Bibliographie Röpkes, o. V.: In Memoriam Wilhelm Röpke. Marburg 1968, S. 24f. In den allgemeinen Rahmen dieser Artikelserie gehört auch ein Artikel aus der Frankfurter Zeitung vom 30.12.1931, Röpke Wilhelm: Die Katastrophensüchtigen; in: derselbe: Marktwirtschaft ist nicht genug. Waltrop 2009, S. 45-46.

waren die Analysen bewusst destruktiv gestaltet, um mit zerstörerischen Visionen aufzuwarten.

Röpkes Publikationen in jenen Tagen glichen wahren Kriegserklärungen, so richtete er z. B. im September 1930 – wenige Tage vor den Reichstagswahlen – einen flammenden Appell gegen den NS und dessen Verbündeten an das niedersächsische Landvolk.[36] Im Dezember 1932 ergriff Röpke als einziger Professor Preußens auf der ersten Seite der „Vossischen Zeitung" Partei für den Rechtsprofessor Joseph Cohn. Röpke brandmarkte das Einknicken der Professoren und der Leitung der Breslauer Universität vor den randalierenden, intoleranten Studentenhorden:[37] *„Die durch Intoleranz aufs Äußerste bedrohte Lehr- und Geistesfreiheit muss bis zum Letzten verteidigt werden.*

---

[36] Röpke, Wilhelm: Nationalsozialisten als Feinde der Bauern; in: Hunold, Albert (Hg.): Gegen die Brandung. Erlenbach-Zürich 1959, S 84-86.

[37] Röpke, Wilhelm: Gegen Intoleranz; in: Vossische Zeitung vom 27.12.1932; zitiert nach Aly, Götz: Wilhelm Röpke gegen Volk und Führer. Liberale Kritik am nationalen Sozialismus; in: derselbe: Volk ohne Mitte: Die Deutschen zwischen Freiheitsangst und Kollektivismus. Frankfurt/M. 2015, S. 112.

Intoleranz der Professoren selbst ist Verrat an der Idee der Universität."[38]

Die politische Heimat der Liberalen war in den Jahren der Weimarer Republik bis 1930 in der Regel die „Deutsche Demokratische Partei" (DDP) gewesen. Die DDP wurde im November 1918 gegründet; zum ersten Vorsitzenden der DDP wurde Friedrich Naumann gewählt und führende DDP-Mitglieder nahmen erheblichen Anteil an der Gestaltung der Weimarer Reichsverfassung.

1930 vereinigte sich die DDP mit der „Volksnationalen Reichsvereinigung", der Partei des „Jungdeutschen Ordens", zur „Deutschen Staatspartei". An der Spitze des „Jungdeutschen Ordens" stand mit Artur Mahraun ein „Konservativer Revolutionär", der Orden und sein

---

[38] Anmerkung: Heutzutage beugen sich Hochschulleitungen dem Druck von „Links": 2011 die Universität Trier in der Sache des israelischen Historikers Martin van Crefeld; 2016 die FU Berlin in der Sache des Romanistikprofessors Ludger Schiffler; 2018 die Universität Siegen in der Sache des Philosophieprofessors Dieter Schönecker; 2019 die Frankfurter Goethe-Universität in der Sache des Politikprofessors Egbert Jahn Jahn. Für die Quellen und mehr siehe Milz, Hubert: Freiheit - ein fragiles "Kulturideal". Ein Essay über Wilhelm Röpke. München 2019, S. 118ff.

politischer Arm – die „Volksnationale Reichsvereinigung" – waren stramm völkisch, autoritär und auch antisemitisch aufgestellt; für den „Jungdeutschen Orden" war „der Liberalismus tatsächlich *«Inbegriff des Überwundenen oder zu Überwindenden»*".[39]

Wegen dieser Hinwendung der DDP zur „Konservativen Revolution" verließen konsequente Liberale die Partei – z. B. Hellmut von Gerlach, Ludwig Quidde und Wilhelm Röpke. Der Stimmenanteil der „Deutschen Staatspartei" bei den letzten Reichstagswahlen sank auf 1% – von einstmals 19% für die DDP.

Die Hinwendung der DDP zum polarisierenden „rechten Rand" und zur „Konservativen

---

[39] Siehe Leuschner, Udo: Zur Geschichte des deutschen Liberalismus. https://www.udo-leuschner.de/liberalismus/. Derartige Formulierungen finden sich auch bei anderen „Konservativen Revolutionären", bspw. bei Moeller van den Bruck: „An Liberalismus gehen die Völker zugrunde", Moeller van den Bruck, Arthur: Das dritte Reich. Hamburg 1931, S. 69. Diesen Satz zitieren die heutigen Wiedergänger der „Konservativen Revolution" oft und gerne – siehe Text zur Fußnote 78.

Revolution" war hauptsächlich dem Einfluss der Gruppe der „Nationalsozialen" in der DDP zuzuschreiben, deren Gründer Friedrich Naumann war.[40]

Naumann gründete 1896 den „Nationalsozialen Verein" als nationalliberale Partei; ursprünglich wollte Naumann seiner Partei den Namen „Nationalsozialistischer Verein" verleihen.[41]

Das Programm seiner Partei veröffentlichte Naumann 1897 als „National-sozialen Katechismus". [42] Schon beim kurzen Überfliegen und Durchblättern des „Katechismus" wird die Übersteigerung des Nationalen bei Naumann überdeutlich, ebenso Naumanns Kollektivismus/Sozialismus; gemäß Naumanns Katechismus ist das Gedeihen der Volksgemeinschaft

---

[40] Vgl. Leuschner, Udo: Zur Geschichte des deutschen Liberalismus. https://www.udo-leuschner.de/liberalismus/.

[41] Siehe Piper, Ernst: Abspaltungen und Fusionen. https://www.das-parlament.de/2013/45_46/Themenausgabe/47676195-325294.

[42] Naumann, Friedrich: National-sozialer Katechismus: Erklärung der Grundlinien des National-Sozialen Vereins. https://archive.org/details/nationalsozialer00naum/page/14/mode/2up.

(aller Klassen, Schichten, Bürger und Arbeiter) nur durch das Verschmelzen von Nationalismus und Sozialismus möglich.

Naumann wollte einen wirtschaftlichen „Organisationstaat" schaffen, d. h. die Unternehmen der Privatwirtschaft sollten abgelöst werden von Staatsverwaltungsgesellschaften, die von staatlichen Direktoren geleitet werden; nichts anderes also als „Staatssozialismus" bzw. „nationaler Kollektivismus".[43] Dies ist keine Überraschung, denn unter Naumanns Stichwortgebern sind Sozialisten wie Lassalle und Rodbertus zu verorten; ebenso ist es keine Überraschung Naumanns Ideologie zum Teil beim „Tat-Kreis" wieder zu begegnen.

Die vulgärnationalistische Grundhaltung Naumanns ist ebenfalls eindeutig verankert in Naumanns Hauptwerk „Mitteleuropa"[44] von 1915, in welchem er wahnwitzige

---

[43] Vgl. Hahn, Roland: Marktwirtschaft und Sozialromantik. Die programmatische Erneuerung des Liberalismus in Deutschland unter dem Einfluß der Ideen Wilhelm Röpkes und Alexander Rüstows. Egelsbach 1993, S. 65-70.

[44] Naumann, Friedrich: Mitteleuropa. Berlin 1915, zitiert nach Hahn, Roland: Marktwirtschaft und Sozialromantik. Die programmatische Erneuerung des Liberalismus in Deutschland unter dem Einfluß der

deutsche Kriegsziele formulierte, die ohne Umstände der Feder eines Propagandisten des völkischen „Alldeutschen Verbands" entsprossen sein könnten.[45]

Mithin wird klar, warum Hayek (!)[46] in einem Gespräch anmerkte, dass eine Partei, die ihre parteinahe Stiftung nach Naumann benennt, nicht „liberal" sein kann, da Nauman durch seinen „Nationalsozialen Verein" den „nationalen Sozialismus" hoffähig machte; dass Naumann zu den ideologischen Wegbereitern des NS gehöre, vermerkte Hayek schon 1944.[47]

Ideen Wilhelm Röpkes und Alexander Rüstows. Egelsbach 1993, hier das Kapitel „Deutsche Freiheit" und westliche Demokratie, S. 36-86. Für Kostproben aus „Mitteleuropa" siehe ebenfalls Aly, Goetz: Die Leiche im Keller der FDP; in: Frankfurter Rundschau; https://www.fr.de/meinung/leiche-keller-11405849.html.

[45]Zum völkischen „Alldeutschen Verband" siehe Peters, Michael: Der Alldeutsche Verband am Vorabend des Ersten Weltkrieges (1908-1914). 2. Auflage, Frankfurt/M. 1995.

[46] Da mir die Fundstelle nicht vorlag, wurde hier aus dem Gedächtnis zitiert.

[47] Hayek, Friedrich August von: Der Weg zur Knechtschaft. 4. Auflage, München 1981, S. 218, Fußnote 9.

Ähnlich kommentierte Götz Aly[48], der außerdem notierte, dass Hitler sein außenpolitisches Programm bei Naumann abgeschrieben habe – und Udo Leuschner hob eine „mehr als nur zufällige Namens-Ähnlichkeit mit dem Nationalsozialismus" hervor. Leuschner betonte auch, dass das Reichspropagandaministerium keinerlei Einwände erhob, so dass Theodor Heuss (ein Naumannschüler) 1937 eine Naumannbiographie in einem dem Reichspropagandaministerium nahestehenden Verlag veröffentlichten durfte; die Presse erhielt sogar vom Reichspropagandaministerium die Anweisung das Buch positiv zu rezensieren.[49]

Die „Nationalsozialen" waren nur scheinbar liberal, ja, noch nicht einmal nationalliberal im Sinne von patriotisch, sondern „nationalkollektivistisch" bzw. „staatssozialistisch", sie verschuldeten den „Selbstmord" des parteipolitischen Arms der Weimarer

---

[48] Aly, Goetz: Die Leiche im Keller der FDP; in: Frankfurter Rundschau; https://www.fr.de/meinung/leiche-keller-11405849.html.

[49] Leuschner, Udo: Zur Geschichte des deutschen Liberalismus. https://www.udo-leuschner.de/liberalismus/.

Liberalen durch das Bündnis mit dem Jungdeutschen Orden, der der Bewegung der „Konservativen Revolution" zuzuordnen ist. Auch wenn diese Liaison schon kurz nach den Reichstagswahlen 1930 zerbröckelte, die Hinwendung nach „Rechtsaußen" blieb. Tatsächliche Liberale verließen die Partei, andere, die blieben, resignierten und gaben den Kampf für eine freiheitlich-demokratische Ordnung auf. Während Theodor Heuss und Ernst Lemmer als „Nationalsoziale" am 23.03.1933 Hitlers Ermächtigungsgesetz zustimmten und das mit den Worten begründeten *„Wir fühlen uns in den großen nationalen Zielen durchaus mit der Auffassung verbunden, wie sie heute vom Herrn Reichskanzler hier vorgetragen wurde."*[50]

---

[50] Zitiert bei Aly, Goetz: Die Leiche im Keller der FDP; in: Frankfurter Rundschau; https://www.fr.de/meinung/leiche-keller-11405849.html.

Das Ermächtigungsgesetz hieß offiziell „Gesetz zur Behebung der Not von Volk und Reich. Vom 24.03.1933" unterschrieben vom Reichspräsidenten, Reichskanzler, den Reichsministern des Innern, des Auswärtigem und der Finanzen.

Fazit: Der politische Arm des Liberalismus der Weimarer Republik entmündigte sich durch Hinwendung zur rechtspopulistischen Polarisierung selbst, bevor die »braunen Barbaren« ihm den Todesstoß versetzen konnten.

„Einer der wichtigsten Gründe,
Geschichte zu studieren, ist,
dass praktisch jede dumme Idee,
die heute en vogue ist,
schon einmal ausprobiert wurde
und sich als katastrophal erwiesen hat,
immer und immer wieder.“

– THOMAS SOWELL

Wiedergänger der „Konservativen Revolution"

Titel und Erscheinungsjahr des eingangs erwähnten Sammelbandes[51] – „Völkisch und national. Zur Aktualität alter Denkmuster im 21. Jahrhundert" – suggeriert scheinbar, dass das Wiederaufflammen alter Denkmuster ein Phänomen jüngeren Datums ist. Dem ist

---

[51] Puschner, Uwe / Großmann, G. Ulrich (Hg).: Völkisch und national. Zur Aktualität alter Denkmuster im 21. Jahrhundert. Darmstadt 2009.

nicht so! Nie ganz verloschen brannte nach Ende des II. Weltkriegs die Kerze jener alten Denkmuster, die, da mitverantwortlich für die Schrecknisse des „verdammten 20. Jahrhunderts"[52], diskreditiert waren, trotz alledem auf niedriger Flamme weiter. Im bundesdeutschen Hochschulbereich bspw. wurden bis auf wenige Ausnahmen (z. B. Carl Schmitt) die „Gelehrten", die schon in den Weimarer Jahren klar und eindeutig den Feinden einer freiheitlich-demokratisch-republikanischen Ordnung zuzuordnen waren, nicht entlassen und blieben in Amt und Würden. Die Inhalte der Vorlesungen änderten sich im eigentlichen Sinne kaum, sie wurden nur aufgehübscht[53], will heißen: Diskreditierte Attribute wurden getilgt bzw. durch harmlos klingende ersetzt.

---

[52] So der Titel der Autobiographie von Radnitzky, Gerard: Das verdammte 20. Jahrhundert: Erinnerungen und Reflexionen eines politisch Unkorrekten. Zürich 2006.

[53] Bezüglich der Juristen wurde dies durch Ingo Müller dokumentiert, vgl. Müller, Ingo: Furchtbare Juristen. Die unbewältigte Vergangenheit unserer Justiz. München 1987. Für weitere Wissenschaftsfelder belegen dies bspw. etliche Artikel Götz Alys, vgl. z. B. Aly, Götz: Macht Geist Wahn: Kontinuitäten deutschen Denkens. Berlin 1997.

Lehrstühle im Osten oder in okkupierten Gebieten waren natürlich verlustig. Doch wurden die dadurch beschwerten „Gelehrten" nicht vergessen, so z. B. auch der Geschichtsprofessor Günther Franz (Reichsuniversität Straßburg), der nach erfolgreicher „Entnazifizierung" zunächst am niedersächsischen Amt für Landesplanung überwinterte und dann 1957 in Hohenheim eine speziell geschaffene Professur für Agrargeschichte übernahm; nach gelungener „Entnazifizierung" seiner Habilitationsschrift „Der deutsche Bauernkrieg" wurde diese mehrfach neu aufgelegt – 1984 in 12. Auflage.

Assheuer und Sarkowicz dokumentierten, dass auch hinter dem „antifaschistischen Schutzwall" der DDR reichlich viele Mitglieder der alten braunen Kader in hohe und höchste Positionen aufsteigen konnten, dass die Flamme auch in der DDR durch die Blockpartei National-Demokratische Partei Deutschlands (NDPD) am Brennen gehalten wurde.

Antisemitismus bspw. gab es in der DDR ex definitione offiziell nicht, dafür gab es den politisch gewollten und geförderten Antizionismus im Kampf gegen den US-Imperialismus, so dass Simon Wiesenthal erklärte, dass man glaube eine Vorlage des Reichspropagandaministeriums in Händen zu halten, wenn man in Kommentaren der DDR-Presse verschiedene Vokabeln austauschen würde.

Soziologische und psychologische Untersuchungen, sowie Reflexionen von Künstlern und Politikern, die in der DDR sozialisiert worden sind, signalisieren, dass in den vierzig Jahren DDR die neurechte Saat durch die SED-Politik gelegt und der Boden für die Triebe des neurechten Gedankenguts gut gedüngt worden war, so dass die jungen Rechtsradikalen der Wendezeit (1989/90) das logische Produkt der DDR-Gesellschaft waren.[54]

Kräftige und enorm wichtige Nahrung erhielt die Flamme der alten Denkmuster in Westdeutschland schon 1949 durch Mohlers Dissertation über die „Konservative Revolution" an der Universität Basel. [55]

---

[54] Siehe Assheuer, Thomas / Sarkowicz, Hans: Rechtsradikale in Deutschland. Die alte und die neue Rechte. München 1994, S 109-128, für das Zitat Wiesenthals siehe S. 116.

[55] Vgl. Weiß, Volker: Die autoritäre Revolte. Die Neue Rechte und der Untergang des Abendlandes. Stuttgart 2018, S.44-48 und Maaß,

Einer der Doktorväter war Karls Jaspers, der die Arbeit als großangelegte Entnazifizierung der „Konservativen Revolutionäre" wertete, die Arbeit trotzdem annahm, weil er glaubte, dass „sie so aber bloss begrenzten Unfug stiften" werde[56]. Ein grandioser Irrtum Jaspers, Mohlers

---

Sebastian: Die Geschichte der Neuen Rechten in der Bundesrepublik Deutschland. Kiel 2014, S. 42-74.

Hinweis: Maaß ist ein Apologet der Neuen Rechten! Maaß' Arbeit ist voller Beschönigungen; mit Bedauern wird auf den Versuch Mohlers in München zu habilitieren eingegangen, da Hermann Mau tödlich verunglückte, habe Hans Rothfels ohne Mau keine Chance mehr gehabt Mohlers Habilitation durchzubringen (S. 50). Dass Mohler im Januar 1967 das Habilitationsverfahren für die „Wissenschaft von der Politik" in Innsbruck erfolgreich abschloss, wird durch Maaß zwar erwähnt (S. 61 f.), dass sich daraus im September 1967 entwickelnde Politikum in Österreich jedoch nicht. Siehe dazu die Innsbrucker Universitätsgeschichte nach 1950 im dortigen Universitätsarchiv: Gutachten und öffentliche Auseinandersetzung betr. A. Mohler 1966-1968; https://www.uibk.ac.at/universitaetsarchiv/universitaetsgeschic hte-nach-1950/sowi-iii/001_gutachten-u-oeff-auseinandersetzung-betr-mohler-1966-1968.pdf.

[56] Zitiert bei Weißmann, Karlheinz: Armin Mohler. Eine politische Biographie. Schnellroda 2011, S. 74.

2001 gab Mohler zu, dass seine Doktorarbeit dazu bestimmt war, die „Konservative Revolution" und den „NS" auseinanderzudividieren, obschon die Realität eine ganz

Dissertation avancierte flott zum wichtigsten *Handbuch* der „Alten und Neuen Rechten".[57]

---

andere gewesen war; siehe Mohler, Armin: Das Gespräch: Über Linke, Rechte und Langeweiler. Dresden 2001, S.41.

Genau das notierte Thomas Mann am 26.09.1933 in sein Tagebuch, dass der Nationalsozialismus die „politische Wirklichkeit jener konservativen Revolution" ist, deren Versuchungen er (Mann) aus „Abscheu vor ihrer Realität" nicht verfallen ist; siehe Mann, Thomas: Tagebücher 1933–1934. Frankfurt/M. 1997, S. 194.

Hinweis: Der 1959 geborene Gymnasiallehrer und promovierte Historiker Karlheinz Weißmann ist eine der wichtigen Personen der Neuen Rechten.

[57] Vgl. Weiß, Volker: Die autoritäre Revolte. Die Neue Rechte und der Untergang des Abendlandes. Stuttgart 2018. S.47-54.

*„Ein Demagoge malt
den Teufel nicht an die Wand,
er bereitet ihm den Weg."*

– TORSTEN MAROLD

Historische Kader und ein neues Netzwerk

Mohler knüpfte auch ab 1953, während seiner Pariser
Zeit als Korrespondent verschiedener Zeitungen, die
Bande der „deutschen Rechten" zur intellektuellen Szene
der „französischen Rechten".[58] Und als Mitarbeiter und
Geschäftsführer der „Carl Friedrich von Siemens

---

[58] Maaß, Sebastian: Die Geschichte der Neuen Rechten in der
Bundesrepublik Deutschland. Kiel 2014, S. 51-57. Bande, die stetig
gepflegt werden, wie bspw. ein Sammelband über Georges Sorel
zeigt, siehe Kubitschek, Götz/ Weissmann, Karlheinz (Hg.): Georges
Sorel. Erzvater der Konservativen Revolution. Schnellroda 2000. So
schildert besonders Maaß an vielen Stellen seines Buches beinahe
euphorisch die innigen Verbindungen zu Alain de Benoist, eine
Leitfigur der Neuen Rechten Frankreichs.
Internationale Bande pflegte auch die Alte Rechte zur Weimarer
Zeit, siehe dazu Breuer, Stefan: Nationalismus und Faschismus.
Frankreich, Italien und Deutschland im Vergleich. Darmstadt 2005.

Stiftung" spann Mohler sein Netz zu den alten Kadern und nutzte diese, um junge Intellektuelle zu protegieren, um diese für die sogenannte Neue Rechte – die, kratzt man die Emailleschicht ab, doch nur die Alte Rechte ist – zu rekrutieren. Seine Nähe zu Franz Josef Strauß nutzte Mohler, um solch vielversprechendem Nachwuchs Posten in der CSU und deren Umfeld zu verschaffen.[59]

Eine Reaktion auf die linke 1968er Revolte[60] – so die Mär – war die Neue Rechte nicht. Die Grundlagen des intellektuellen Konzepts der Neuen Rechten wurden schon vor 1968 geschaffen. Zu Recht wurde herausgearbeitet, dass die „Rechten" keine dumpfen Trottel sind, wie dies mitunter durch linke Intelligenzija kolportiert wird.[61]

---

[59] Mehr dazu bei Weißmann, Karlheinz: Armin Mohler. Eine politische Biographie. Schnellroda 2011, S. 119-139.

[60] Auch Weißmann (schon durch den Buchtitel) und Maaß nähren diese Legende; Weißmann, Karlheinz: Kulturbruch '68: Die linke Revolte und ihre Folgen. Berlin 2017 und Maaß, Sebastian: Die Geschichte der Neuen Rechten in der Bundesrepublik Deutschland. Kiel 2014, S. 23f.

[61] Intellektuell? Ja, dies beleuchtet bspw. der Spiegel exemplarisch an Götz Kubitschek. Siehe Rapp, Tobias: Rechtes Denken. Der

Kulturelle Themenfelder, die bereits von den „Konservativen Revolutionären" der Weimarer Jahre bearbeitet wurden – weitere kamen hinzu –, fassten deren Wiedergänger gezielt ins Auge: Die alte Weltsicht wurde modern aufgehübscht.

Beackert wurden besonders Themen, die das Potential hatten und haben, Schnittmengen, Berührungsflächen und begriffliche Brücken mit Konservativen und Liberalen und natürlich auch bei Linken zu generieren, um die Gegner mit ihren eigenen Argumenten zu widerlegen, bei Bedarf als Bündnispartner zu benutzen oder gar zu sich herüberzuziehen.

dunkle Ritter Götz; https://www.spiegel.de/spiegel/goetz-kubitschek-der-wichtigste-intellektuelle-der-neuen-rechten-a-1126581.html.
Für eine kompakte Übersicht mit Literaturhinweisen zum ideologischen Kontext der Neuen Rechten siehe z. B. Pfahl-Traughber, Armin: Die "Neue Rechte" ist – und was nicht. Definition und Erscheinungsformen einer rechtsextremistischen Intellektuellengruppe; https://www.bpb.de/themen/rechtsextremismus/dossier-rechtsextremismus/284268/die-neue-rechte-ist-und-was-nicht/ und Hufer, Klaus-Peter: Neue Rechte, altes Denken: Ideologie, Kernbegriffe und Vordenker. Weinheim 2018, S. 133-139.

Bei Nationalkonservativen, Sozialkonservativen, Kulturkonservativen und Liberalkonservativen fanden sich in den 1970/80er Jahren reichlich Berührungsflächen mit deren Denkfabriken, wie z. B. dem Würzburger „Institut für Demokratieforschung" oder dem „Studienzentrum Weikersheim". Dort dockte – meines Erachtens – die Neue Rechte gezielt an, um diese zu unterwandern.[62] Salzborn fasste dies griffig zusammen: *„Das politische Ziel der ›Neuen Rechten‹ lässt sich im Wesentlichen unter zwei Schlagworten zusammenfassen: die Intellektualisierung des Rechtsextremismus durch die Formierung einer intellektuellen Metapolitik und die Erringung einer ›kulturellen Hegemonie‹."*[63]

---

[62] Vgl. Leggewie, Claus: Der Geist steht rechts. Berlin 1987, S. 21 und Salzborn, Samuel: Rechtsextremismus: Erscheinungsformen und Erklärungsansätze. 4. Auflage, Baden-Baden 2020, S. 75-86.
Siehe zum „Studienzentrum Weikersheim" Maaß, Sebastian: Die Geschichte der Neuen Rechten in der Bundesrepublik Deutschland. Kiel 2014, S. 146-149.

[63] Salzborn, Samuel: Rechtsextremismus: Erscheinungsformen und Erklärungsansätze. 4. Auflage, Baden-Baden 2020, S. 76.

Die Neue Rechte hoffte auf ihre Chance, baute ihre Netzwerke aus, insbesondere nach der Ablösung des Langzeitkanzlers Helmut Kohl durch eine rot-grüne Bundesregierung. Alte Feindbilder der „Rechten" waren wieder leichter zu nutzen, um Brücken zu den Befindlichkeiten verschiedener Gruppen von Konservativen und Liberalen zu bauen. Auch Themen des linken Spektrums wurden in diesem Sinne ausgelotet.

Zur Jahrtausendwende gründete die Neue Rechte in Hessen das „Institut für Staatspolitik" (IfS), das zur intellektuellen Kaderschmiede des Nachwuchses der Rechten geformt wurde.[64] Angeschlossen daran sind der

---

[64] Das IfS – seit 2003 in Schnellroda, Sachsen-Anhalt angesiedelt – ist die intellektuelle Kaderschmiede der Neuen Rechten. Das IfS ist die Denkfabrik und Nachwuchsschule des rechten Flügels der AfD, sowieso ist der Einfluss des IfS-Netzwerkes auf die AfD nicht zu unterschätzen; siehe o. V.: Rechte Revolutionäre; https://www.dw.com/de/rechte-revolution%C3%A4re/a-57758176.

Bei Maaß sind vielfältige Informationen zu den intellektuellen Aktivitäten der Neuen Rechten von den 1950er Jahren an zu finden. So bspw. über Henning Eichberg, Hans-Dietrich Sander, Gert-Klaus Kaltenbrunner, Pierre Krebs und sein Thule-Seminar, Bernard

Verlag Antaios und die Zeitschrift „Sezession" des Götz Kubitscheks, Flankenschutz gab – bis zu den Spannungen von Kubitschek mit Weißmann und Stein im Winter 2013/14 – die Wochenzeitung „Junge Freiheit".[65]

Als Vorbild für das IfS wurde ausdrücklich das „Politische Kolleg" des Historikers Martin Spahn genannt. Dieser hatte das Kolleg 1920 in Berlin zum Zwecke der Schulung des Nachwuchses der

---

Willms oder Günter Maschke – bis hin zur Gründung des Instituts für Staatspolitik (IfS) und dessen Umfeld. Für Maaß ist das IfS eine einzige Erfolgsgeschichte; siehe Maaß, Sebastian: Die Geschichte der Neuen Rechten in der Bundesrepublik Deutschland. Kiel 2014, S. 314-321.

Hinweis: Interessierte, die diese Verweisstelle nachschlagen, sollten bitte das komplette Unterkapitel (Der Kreis um die Sezession, S. 285 321) lesen, zusätzlich auch das Folgekapitel (Weitere Protagonisten im Umkreis der Sezession, S. 321-332). In kompakter Form liefern jene Kapitel durchaus relevante Informationen zum IfS, zu dessen Innenleben und zum weiteren Umfeld.

[65] Vgl. dazu Kellershohn, Helmut: AfD-Sondierungen. Teil 2: Die AfD als „Staubsauger" und „Kantenschere" – Turbulenzen im jungkonservativen Lager; Duisburg 15. Juni 2014 und AfD-Sondierungen. Teil 3: „Konservative Volkspartei" – Über das Interesse der jungkonservativen Neuen Rechten an der AfD; Duisburg 16. September 2014.

„Konservativen Revolution" gegründet, in diesem Sinne sollte das IfS ebenfalls „jungkonservativ" tätig sein.[66]

Die Recherchen von Assheuer und Sarkowicz verdeutlichen, dass die Alte und Neue Rechte seit den 1950er Jahren ein weitgespanntes Netzwerk im kulturellen Umfeld aufspannte.

Eine Vielzahl von Zeitschriften und Verlagshäusern zählten zu diesem Netzwerk, teilweise auch – zumindest bis zum Anfang des Jahrtausends, damals änderten sich die Beteiligungsverhältnisse maßgeblich – so bekannte Medienhäuser wie die Ullsteingruppe oder die Langen-Müller-Herbig-Gruppe.

Berührungsflächen wurden genutzt oder geschaffen, um die Debatten in liberale, konservative und natürlich auch linke Kreise hineinzutragen; mit dem Ziel, dass die generierten Begriffsbrücken halfen Tabuschwellen zu

---

[66] Siehe Stein, Dieter: »Ein politisches Kolleg als Vision«. Gespräch mit Karlheinz Weißmann über die Bedeutung wissenschaftlicher Arbeit, in: Junge Freiheit 45/1999; https://jf-archiv.de/archiv99/459yy03.htm.

senken und neurechte Ideologie einsickern zu lassen.[67] Namen, die Assheuer und Sarkowicz nannten, tauchten und tauchen auch im Umfeld Schnellrodas auf. Folglich brauchte Schnellroda nur an schon bestehende Strukturen anzudocken und auf diesen aufzubauen.

Das „Schnellroda-Lager" hat seither das Netz ausgeworfen, so werden nach meiner Einschätzung und Interpretation Zeitschriften wie die „Blaue Narzisse", „Recherche D" oder die „Krautzone" vom Nachwuchs des „Schnellroda-Lagers" verantwortet.[68]

Felix Menzel (Jahrgang 1985) ist Chef der „Recherche D" und der „Blauen Narzisse". Schon als Schüler

---

[67] Vgl. Assheuer, Thomas / Sarkowicz, Hans: Rechtsradikale in Deutschland. Die alte und die neue Rechte. München 1994, S. 54-79.

[68] Felix Menzel („Blaue Narzisse", „Recherche D") ist laut Weiß ein Schüler Kubitscheks, siehe Weiß, Volker: Die autoritäre Revolte. Die Neue Rechte und der Untergang des Abendlandes. Stuttgart 2018, S. 132. Menzel ist regelmäßiger Gastautor für Kubitscheks „Sezession".

Das Magazin „Krautzone", dessen Chefredakteur Florian Müller ist, wird in dem Artikel „HÖCKES FEUCHTER TRAUM" zutreffend als neurechtes Propaganda-Magazin bezeichnet, o. V.: HÖCKES FEUCHTER TRAUM; https://afdwatchbremen.com/hoeckes-feuchter-traum/.

gründete Menzel die Jugendzeitschrift „Blaue Narzisse", in der hinter kulturellen Jugendthemen verdeckt neurechte „Metapolitik" hervorlugt.[69]

Politische Ökonomie ist der Schwerpunkt der Zeitschrift „Recherche D". In „jungkonservativer" Manier wird die kapitalistische Globalisierung abgelehnt und für eine „nachbarschaftliche Marktwirtschaft" geworben.

Durch abwegige Interpretationen der Väter der sozialen Marktwirtschaft wird überdies versucht, diese im Sinne der „Jungkonservativen" zu instrumentalisieren, um so Liberale für eine neue „Konservative Revolution" zu erwärmen.[70]

Menzel ist den „Jungkonservativen" zuzuordnen, dies zeigt sich aus der ganzen Anlage seiner beiden Zeitschriften.

---

[69] Vgl. Salzborn, Samuel: Rechtsextremismus: Erscheinungsformen und Erklärungsansätze. 4. Auflage, Baden-Baden 2020, S. 85.

[70] Dies wurde auf einer der in der folgenden Fußnote erwähnten Veranstaltungen durch Menzel klar formuliert. Ebenfalls in seiner „Recherche D", siehe Müller, Florian: Wilhelm Röpke: Ein Ökonom zwischen den Stühlen; in: Recherche D, Ausgabe 3, November 2018, S. 37-39.

Er selbst definiert sich als „neurechts, rechts, konservativ oder rechtskonservativ", wirbt in den liberalen Zirkeln Sachsens für eine neue „Konservative Revolution" und ist offensichtlich gut vernetzt.[71]

Florian Müller[72] (Jahrgang 1991) ist Chefredakteur und einer der beiden Geschäftsführer der „Krautzone" – gemäß Eigenwerbung „das reaktionärste Magazin Deutschlands".
Die „Krautzone" zählt zum „jungkonservativen" Milieu, klar zu erkennen an Müllers ungeheurer Verehrung

---

[71] Menzel hat einen Magisterabschluss in Medien-, Kommunikations-, Politik- und Wirtschaftswissenschaften an der Martin-Luther-Universität Halle-Wittenberg gemacht.

Da ich Menzel auf „liberalen" Veranstaltungen in Sachsen „genießen" durfte, resultiert diese Wertung auch aus der persönlichen Erfahrung mit Menzel. Für das Zitat siehe o. V.: Roth erstattet Strafanzeige gegen Menzel; https://www.nw.de/nachrichten/thema/4099387_Roth-erstattet-Strafanzeige-gegen-Menzel.html.

[72] Florian Müller studierte an der Universität Trier Politikwissenschaft und Geschichte und an der Universität Marburg Europäische Integration.

„Konservativer Revolutionäre" (z. B. Edgar Julius Jung, Oswald Spengler).[73]

Müller schreibt zudem regelmäßig für Menzels Zeitschriften, ebenfalls für „eigentümlich frei" (ef).

Im ef-Heft 197 suchte er in einem Artikel Libertäre und Identitäre zu vereinen[74] und wagte in einem weiteren

---

[73] Loblieder auf Jung und Spengler auf den Online-Seiten der Krautzone wurden 2020 als Textdateien im persönlichen Archiv gesichert.

Zum Mörder Jung siehe weiter oben das Kurzprofil und zu Spengler bspw. Felken, Detlef: Oswald Spengler. Konservativer Denker zwischen Kaiserreich und Diktatur. München 1988.
Als Anti-Spengler auch heute noch lesenswert ist Briefs, Goetz: Untergang des Abendlandes, Christentum und Sozialismus. Eine Auseinandersetzung mit Oswald Spengler. Bremen 2020, Nachdruck der 2. Auflage von 1921.

[74] Müller, Florian: Libertäre und Identitäre: Für den fairen statt den großen Austausch; in: ef-Heft 197, 2019, S. 22-25.

Zu den Identitären siehe die Analyse von Tofall, Norbert F. / Mayer, Thomas: Integristen und Identitäre; https://www.flossbachvonstorch-stiftung.de/fileadmin/user_upload/RI/Studien/files/studie-170214-integristen-und-identitaere.pdf. Daraus wird klar, dass die Identitären eindeutig „neurechts" und Wiedergänger völkischer „Konservativer Revolutionäre" sind. Dies hatte der ef-Herausgeber

Artikel den Deutungsversuch, grauenhafte „Konservative Revolutionäre" zu „libertären Revolutionären" zu formen.[75]

Dadurch, dass Müller publizistisch auch die Tastatur der Wirtschaftsfreiheit beherrscht, ist es ihm gegeben, sich

---

André F. Lichtschlag an mehreren Stellen im ef-Heft 197 selbst auch klargestellt.

Angeblich kopieren neurechte Aktivisten wie die Identitären nur die modernen Methoden ihrer linken Gegner. Dass dem nicht so, darauf verwies Weiß, vielmehr wurden durch die studentischen APO-Gruppen der 1968er die Methoden neurechter Studentengruppen der 1950er Jahre übernommen, siehe Weiß, Volker: Die autoritäre Revolte. Die Neue Rechte und der Untergang des Abendlandes. Stuttgart 2018, S. 125 ff.

[75] Müller, Florian: Libertäre Konservative Revolution? Wider die neurechte Vereinnahmung; in: ef-Heft 197, 2019, S. 30-32.
Auf meinen Widerspruch hin bot mir der Herausgeber André F. Lichtschlag im ef-Heft 198 Raum, um Müller zu widersprechen, Milz, Hubert: Gegenstandpunkt: Liberale „konservative Revolutionäre"? Nein!; in: ef-Heft 198, 2019, S. 28-31.
Lichtschlag stimmte mir bei einem Gespräch in München umfassend zu, dass die „Konservativen Revolutionäre" und ihre Wiedergänger nicht liberal sind. Trotzdem räumt Lichtschlag deren Wiedergängern – z. B. Martin Lichtmesz, einem Urgestein Schnellrodas – immer wieder reichlich Platz für Artikel etc. ein.

weit in liberale Zirkel zu vernetzen, dadurch erhielt er 2017 den „Julius-Faucher-Preis".[76]

Die innige Zuneigung der „Krautzone" zur „Konservativen Revolution" tat der geschäftsführende Vorstand der Hayek-Gesellschaft als spielerische, jugendliche „Koketterie" ab[77] und ließ Müller als Leiter eines Hayek-Clubs schalten und walten. Müller hatte dadurch der Chancen genügend, um junge Leute „jungkonservativ" zu umgarnen und einzubinden.

Damit wird deutlich, dass die Muster ähnlich denen der 1920er Jahre sind. „Jungkonservative" knüpfen erfolgreich Bande zu liberalen Zirkeln und Medien, werden – wie das Beispiel Müller zeigte – sogar Leiter eines liberalen Clubs und ständiger Autor einer Zeitschrift, die laut Eigenwerbung „erfrischend libertär" ist. Nicht nur Müller erhält Raum in dieser Zeitschrift, auch das Schnellroda-Urgestein Martin Lichtmesz, der 2012 in einer Versammlung rief „An

---

[76] Julius Faucher (1820-1878) focht als Journalist für Freihandel und Liberalismus.

[77] So formuliert in einer privaten E-Mail an den Verfasser.

Liberalismus gehen die Völker zugrunde"[78], schreibt regelmäßig für „ef".

Folgt daraus, dass sich Liberale genau wie in den 1920er Jahren als nützliche Idioten missbrauchen lassen?

[78] Vgl. Weiß, Volker: Weiß, Volker: Die autoritäre Revolte. Die Neue Rechte und der Untergang des Abendlandes. Stuttgart 2018, S. 19.
Für Lichtmesz sind die Liberalen der Hauptfeind, siehe bspw. Lichtmesz, Martin: Der Hauptfeind des Liberalen; https://sezession.de/14803/der-hauptfeind-des-liberalen.
Dass für die Neue Rechte der Feind an sich der Liberalismus ist, dies wurde auch von Badura betont, siehe Badura, Leander F.: Ein Magazin für reiche Radikale; https://www.freitag.de/autoren/lfb/ein-magazin-fuer-reiche-radikale.

Von der Metapolitik zur Praxis[79]

Das Ergebnis einer Allensbach-Umfrage[80] zeigt, dass knapp 31% der Bundesbürger der Ansicht sind, dass sie

---

[79] Im Gespräch mit deutschen „Neuen Rechten" nannte Alain de Benoist (Chefideologe der „französischen Rechten") den Populismus eine notwendige Vorgehensweise; siehe Pfahl-Traughber, Armin: Von der „Metapolitik" zum „Populismus"; https://www.endstation-rechts.de/news/von-der-metapolitik-zum-populismus.

Populismus ist natürlich kein Alleinstellungsmerkmal der politischen Ränder von „links" oder „rechts", bei Bedarf setzt auch die Prominenz der etablierten Parteien der politischen Mitte auf die populistisch-polarisierende Karte.

[80] Institut für Demoskopie Allensbach: Politischer Radikalismus und die Neigung zu Verschwörungstheorien. Februar 2022, https://www.swr.de/unternehmen/kommunikation/pressemeldungen/story-im-ersten-tankstellenmord-114.pdf.

in einer Scheindemokratie leben. Das Echo in der Presse spiegelte die übliche Betroffenheitsattitüde bezüglich derartiger Umfrageergebnisse, die eben nicht überraschend sind; denn seit Jahrzehnten wird in Legionen von Talkrunden im Fernsehen über Politikverdrossenheit und die parteipolitischen Folgen hieraus diskutiert.

Flankenschutz und Bestätigung dieser Allensbachanalyse erbrachte im Sommer 2022 eine forsa-Umfrage, die zu dem Ergebnis kommt, dass nur noch 29% der Bürger Deutschlands glauben, dass der deutsche Staat fähig ist, seine Aufgabenpflicht zu bewerkstelligen; siehe forsa Gesellschaft für Sozialforschung und statistische Analysen mbH: dbb Bürgerbefragung „Öffentlicher Dienst" 2022. Der öffentliche Dienst aus Sicht der Bevölkerung, 18. August 2022.

Siehe ergänzend dazu auch der Kommentar von Tofall, Norbert F.: Leviathan wankt und schwankt; https://www.flossbachvonstorch-researchinstitute.com/fileadmin/user_upload/RI/Kommentare/files/2022/221208-leviathan-wankt-und-schwankt.pdf.
Schon 2016 warnte Tofall, dass die innen- und außenpolitischen Versäumnisse Leviathans in verheerende, radikalisierende Polari münden, siehe Tofall, Norbert F.: Polarisierung durch Problemverschleppung; https://www.flossbachvonstorch-researchinstitute.com/fileadmin/user_upload/RI/Studien/files/studie-160205-polarisierung-durch-problemverschleppung.pdf.

Weltfinanzkrise und EURO-Krise waren schließlich 2012 die Impulse für das Schmieden der „Wahlalternative 2013", auf diese sattelte 2013 die AfD als Parteineugründung auf. Die Weltfinanzkrise, die Krisen im EURO-Raum, die Migrationskrise usw. wandelten schließlich Politikverdrossene zu „Wutbürgern", die gegen gesellschaftliche Entwicklungen aufmuckten. Die AfD wurde schnell zum Sammelbecken für sogenannte Protest- und Wutbürger.[81]

Jene Krisen und die Parteineugründung fielen der Neuen Rechten als Chancen sozusagen in den Schoß. Die Neue Rechte nutzte diese Chancen, um durch ihr „Personal" in der AfD polarisierende Protest- und Wutbürger im rechten Parteiflügel zu sammeln und populistisch zu vermarkten, um derart in vorher nicht erreichbare Bevölkerungsschichten vorzustoßen.

Die schon jahrzehntealte Prognose Kurt Lenks, dass etliche Bürgerliche bereit sind im Krisenfall unter das Gezelt der „Rechten" zu flüchten, trifft offenbar zu.[82]

---

[81] Gauland, Alexander: Die AfD in der Krise; in: FAZ vom 24.01.2014.

[82] Lenk, Kurt: Ist diese Republik von Rechtsaußen in Gefahr? (1981); in: derselbe: Rechts, wo die Mitte ist. Studien zur Ideologie:

Doch nicht nur für Bürgerliche gilt dies, ebenso für die traditionell zur Sozialdemokratie tendierende Arbeiterschaft, dort fielen Publikationen Thilo Sarrazins auf fruchtbaren Boden.

Die Publikationen Sarrazins – wie „Deutschland schafft sich ab" – bedienten nicht per se neurechte Themen, der alte Sozialdemokrat Sarrazin schöpfte meiner Meinung vielmehr aus dem Fundus klassischer linker Themen und mischte diese geschickt.

Verballhornt zu populistischen Slogans trugen Sarrazins Publikationen in Teilen der Arbeiter und nicht zuletzt auch am Stammtisch im Sinne der Neuen Rechten Früchte; besonders dann, wenn – siehe oben die Fußnote 7 und den dazu zählenden Textteil – Sarrazins Thesen sowieso auf eine durch antikapitalistische und antiamerikanische Vorurteile gedüngte Geisteshaltung

---

Rechtsextremismus, Nationalextremismus, Konservatismus. Baden-Baden 1994, S. 363f.

trafen[83], so dass die Neue Rechte Brücken zu linken Politikfeldern schlagen konnte.[84]

Der rechte AfD-Parteiflügel wurde meiner Meinung unter der Regie der Neuen Rechten schnell zum *sozial-nationalen* Sammelbecken für Protest- und Wutbürger aller „politischen Farben", so dass die „jungkonservative" Ideologie der Neuen Rechten in diesem Sammelbecken reüssieren kann. Die Wahlerfolge

---

[83] Siehe Milz, Hubert: Soziale Marktwirtschaft – das gescheiterte deutsche neoliberale Projekt? Norderstedt 2021, S. 197f.

[84] Ein Beispiel für das *Wie* liefert Marc Jongen mit einem Artikel im Cicero, Jongen, Marc: Das Märchen vom Gespenst der AfD; in: Cicero, 22.01.2014; https://www.cicero.de/innenpolitik/afd-ein-manifest-fuer-eine-alternative-fuer-europa/56894. Gemäß Kellershohns Textanalyse ist dieser Artikel eine Art „AfD-Manifest", in dem das „Kommunistische Manifest" von Marx und Engels zu einem „jungkonservativen" Format gedreht wird, siehe Kellershohn, Helmut: AfD-Sondierungen. Teil 1: Sondierungen im Feld der AfD; Duisburg 14. April 2014.

Zusatzbemerkung: Marc Jongen war wissenschaftlicher Assistent bei Peter Sloterdijk und promovierte bei Sloterdijk mit summa cum laude. Nichtsdestotrotz distanzierte sich Sloterdijk von Jongen und sagte, dass Jongen keinerlei vorzeigbare Arbeiten geschrieben habe; zitiert nach o. V.: Sloterdijk und AfD-Hausphilosoph Jongen: Homöopathie, Erbauung, Erquickung; https://taz.de/Sloterdijk-und-AfD-Hausphilosoph-Jongen/!5303601/.

der AfD trugen die populistisch-polarisierenden Parolen des rechten AfD-Parteiflügels – orchestriert durch die Neue Rechte – von den Stammtischen in die ganzen Wohnstuben hinein.

Überfliegt man das Grundsatzprogramm der AfD, dann kann der Eindruck entstehen, dass dies eine Mischung aus klassisch-konservativen und ordoliberalen Elementen ist.

Bei einer gründlichen Analyse jedoch ist Kellershohn beizupflichten, dass es ein geschickt aufbereitetes Grundsatzprogramm für einen nationalen „Wettbewerbsstaat auf völkischer Basis" darstellt.

Es ist darauf angelegt z. B. Liberalkonservative, Konservativliberale, Staatsliberale, Ordoliberale, Sozialkonservative, den Traditionen verpflichteter Christen und Sozialstaatsanhänger einzufangen, um Möglichkeiten zu nutzen, diese im politischen Alltag peu à peu „jungkonservativ" zu formatieren.

Dies kann, je nach Klientel, auf intellektueller Basis oder durch polarisierende Stammtischparolen (die auch dazu dienen Faustrechtsliberale einzubinden) praktiziert werden. Ein staatsliberales Beispiel lieferte vor der Bundestagswahl 2021 der geschäftsführende Vorstand der Hayek-Gesellschaft (ein FDP-Mitglied) mit einer ordnungspolitischen Gesamtschau auf die Parteiprogramme; seine Sympathie für das Programm der AfD ist leicht zu erkennen.[85]

Webe ich einige Artikel von Michael von Prollius ineinander[86], dann komme ich leider zu einem pessimistischen Resümee. Unter anderem angelehnt an

---

[85] Grundsatzprogramm der AfD; https://www.afd.de/wp-content/uploads/sites/111/2018/01/Programm_AfD_Online-PDF_150616.pdf.

Siehe Kellershohn, Helmut: AfD-Sondierungen. Teil 5: AfD-Grundsatzprogramm: Nationaler Wettbewerbsstaat auf völkischer Basis; Duisburg 29. Juni 2016.

Siehe Habermann, Gerd: Vor der Entscheidung. Eigentum und Freiheit in den Parteiprogrammen zur Bundestagswahl 2021. Berlin, Juli 2021 (PDF-Datei).

[86] Prollius, Michael von: Bürger als Quell schlechter Politik; https://forum-freie-gesellschaft.de/buerger-als-quell-schlechter-politik/, Prollius, Michael von: Für eine schlechtere Welt: Selbstschädigung durch antikapitalistische Ressentiments; https://forum-freie-gesellschaft.de/fuer-eine-schlechtere-welt-selbstschaedigung-durch-antikapitalistische-ressentiments/ und Prollius, Michael von: Was wäre wenn ...; https://forum-freie-gesellschaft.de/was-waere-wenn/.

Sebastian Haffners Analysemodell[87] wirft Michael von Prollius den analytischen Blick auf die heutigen Befindlichkeiten der deutschen Bevölkerung. Unter Einbeziehung empirischer Daten (Auswertungen verschiedener Umfrageergebnisse und empirischer Forschungsberichte) kommt von Prollius zu dem Ergebnis, dass die Zahl der Unzufriedenen zwar wächst, jedoch die deutsche Bevölkerung in ihrer überwiegenden Mehrheit weiterhin an den Primat der Politik glaubt, also im Grunde autoritätsgläubig bevormundet werden will. Dies lässt den Schluss zu, dass die Unzufriedenen überwiegend der Auffassung sind, dass die Schuld an staatlicher Gängelung kein systemimmanentes, sondern ein Problem politischer Fehlbesetzung sei.

Eine derartige Mentalität, gut gedüngt durch den Glauben an den paternalistischen Staat, macht es den

---

[87] Haffner, Sebastian: Germany: Jekyll & Hyde - 1939 - Deutschland von innen betrachtet. Berlin 1996 (Übersetzung der englischen Originalausgabe 1940).
Siehe dazu den Kommentar Prollius, Michael von: Mitläufer stabilisieren Herrschaft; https://forum-freie-gesellschaft.de/mitlaeufer-stabilisieren-herrschaft/.

Gruppen von „Links" und „Rechts" leicht, mit entsprechenden Parolen, die das „Bauchgefühl" weiter Bevölkerungsschichten ansprechen, zu punkten und die Welt in „Freund und Feind" zu teilen – dazwischen ist für nichts weiter Platz[88].

Die Neue Rechte nutzt ihren politischen Arm, den rechten Flügel der AfD, um gezielt die Provokation als erfolgreiches Instrument im politischen Marketing zu nutzen – das Spektakel der Provokation, die „Skandalokratie".[89] Gleich, was entschieden wird, man

---

[88] Kurt Lenk vermerkte, dass auch die permanente Beschwörung einer »Neuen Mitte« in der Rhetorik der staatstragenden Volksparteien diese zu „populistischen Volksparteien" formt, siehe Lenk, Kurt: Ideologische Kontinuitäten; in; Jäger, Siegfried / Schobert, Alfred (Hg.): Weiter auf unsicherem Grund. Duisburg 2000, S. 18f.

[89] Vgl. zum Spektakel durch Provokation und zur Skandalokratie Weiß, Volker: Die autoritäre Revolte. Die Neue Rechte und der Untergang des Abendlandes. Stuttgart 2018, im 4. und 5. Kapitel vermerkt Weiß, dass das provokante Spektakel von „links" und „rechts" beherrscht wird und dass schon Carl Schmitt die theoretischen Grundlagen im „Partisan" (1. Auflage 1963) erörtert hatte.

ist dagegen.[90] Provokant werden Grenzen und Tabus überschritten, tradierte Regelwerke missachtet – all dies der medialen Aufmerksamkeit wegen. In der heutigen Welt der sogenannten sozialen Medien tickt diese Art von Marketing in Permanenz auf allen Kanälen und ist natürlich nicht nur auf die Politik beschränkt.

Politikfelder werden derart polarisiert, verzerrt und simplifiziert, dass über wichtige Themen kaum noch sachlich diskutiert werden kann – sie sind so gut wie

---

Siehe auch die Schnellroda-Thesen zur Skandalokratie von Menzel, Felix: Thesen zur Skandalokratie; Sezession, Heft 48, Juni 2012, S. 28-31.

[90] Ein Stichwortgeber für diese Art von Fundamentalopposition ist der Jurist Thor von Waldstein, der für den Weg der Geduld, wie von Weißmann gefordert (Weißmann, Karlheinz: „Sonst endet die AfD als ‚Lega Ost'", Interview mit Karlheinz Weißmann, 21.12.2015; https://jungefreiheit.de/debatte/Interview/2015/sonst-endet-die-afd-als-lega-ost/), wenig hält. Zu von Waldstein siehe Gebhardt, Richard: Hauptfeind Liberalismus; https://www.der-rechte-rand.de/archive/3461/thor-von-waldstein-liberalismus/.

Weißmann sagte im genannten Interview: „Das, was Höcke macht und was Einflüsterer wie Kubitschek … verstärken, hat eine destruktive Tendenz, die Chancen zerstört. Wenn man ihren Vorstellungen folgt, endet die AfD als »Lega Ost»".

verbrannt. Systematisch wird mehr oder weniger gegen alles, wofür die Bundes- und Landesregierungen sind, gezielt polemisch und populistisch im „jungkonservativen" Sinne provoziert.[91] Bei Themen die „Geld, Inflation, Währung", „Migration", „Rundfunkgebühr", „Energiewende" – die Aufzählung ist selbstverständlich unvollständig – tangieren, tendieren etliche der provokanten Stammtischparolen oft genug in Richtung haltloser Verschwörungstheorien.[92]

---

[91] Christian Schüle nennt die intellektuelle Sprache der Metapolitik Schnellrodas eine „bewaffnete Sprache", siehe Schüle, Christian: "Mein Kampf" war gestern: rechte Verlage heute; https://www.br.de/kultur/mein-kampf-war-gestern-rechte-verlage-antaios-jungeuropa-100.html. Ebenso kann die Polemik der Skandalokratie ohne Umstände der „bewaffneten Sprache" zugeordnet werden. „Bewaffnete Sprache" – auch dies ist nichts Neues, Günter Maschke (ein wichtiger Stichwortgeber der Neuen Rechten) huldigte dem „bewaffneten Wort" schon vor Jahrzehnten, Machke, Günter: Das bewaffnete Wort. Aufsätze aus den Jahren 1973-93. Wien 1997.

[92] Eigentlich ist „Verschwörungstheorie" auch ein verbrannter, unbrauchbarer Ausdruck – leider findet sich kein besserer. Stefan Blankertz vermerkte zu Recht, dass es sich „mit einer Veralberung von Theorien" leichtgemacht wird, um „kritische Fragen und

Immer gegen die Regierungspolitik – anhand der Corona-Politik lässt sich diese Behauptung gut nachzeichnen.[93] Anfang 2020 zu Beginn des „Corona-Zeitalters" waren die Regierungen von Bund und Ländern zurückhaltend, abwartend und vorsichtig – fuhren sozusagen in Sachen „Corona" zunächst mit angezogener Handbremse. Hingegen trommelten in jenen etwa drei Monaten die Provokateure für die Schaltung auf politischen Panikmodus. Nachdem die Regierungspolitik schließlich harte und tief in die individuellen Rechte der Menschen eingreifende

---

Einwände vom Tisch zu wischen"; Blankertz, Stefan: Die neue APO: Gefahren der Selbstintegration. Norderstedt 2016, S. 93. Nur, bei etlichen Parolen entsteht fast zwingend der Eindruck, dass eine gewisse Spezies von Populisten – egal jetzt von welcher politischen Couleur – die „Veralberung" bewusst provoziert, um nicht sachlich diskutieren zu müssen.

[93] Ähnlich kommentierte bspw. Weiß die Aktionen der Neuen Rechten im „Corona-Zeitalter", siehe Weiß, Volker: Wenn Rechte für die "Freiheit" kämpfen; https://www.zeit.de/2020/48/corona-politik-afd-rechtspopulismus-querdenken-positionierung.

Maßnahmen zur Corona-Eindämmung ergriff, wurde alles anders, die Provokateure waren vorerst ruhig.[94]

Mit jenen harten Regierungsmaßnahmen waren nicht alle einverstanden. Verschiedene Juristen, Naturwissenschaftler und Mediziner trugen ihre Bedenken vor.[95] Mit diesen wurde jedoch kaum

---

[94] In den Fußnoten 94 und 95 werden beispielhaft ein paar Presseberichte genannt. Viele der krassesten Interviews und Kommentare jener Tage sind sowieso inzwischen im Internet nicht mehr zu finden.

Schon Ende Januar 2020 lieferte bspw. Natalia Frumkina einen kleinen, zusammenfassenden Einblick in die Panikmache zum Coronavirus, siehe Frumkina, Natalia: Coronavirus als angebliche Verschwörung; Coronavirus als angebliche Verschwörung; https://www.tagesschau.de/faktenfinder/fakes-geruechte-coronavirus-101.html. Auch eine schon über zehn Jahre alte Dokumentation des Senders Arte zur Schweinegrippe (Die Profiteure der Angst) befeuerte die Kontrahenten auf beiden Seiten in Sachen Corona, siehe bspw. den Kommentar zu den ersten Coronamonaten von Krasser, Senta: Wie eine elf Jahre alte Arte-Doku die Corona-Debatte befeuert; https://www.dwdl.de/magazin/79700/wie_eine_elf_jahre_alte_a rtedoku_die_coronadebatte_befeuert/?utm_source=dlvr.it&utm_m edium=facebook.

[95] Aus der Vielzahl der Namen ein paar Beispiele:

Bei den Juristen waren dies unter anderem Ulrich Battis, der Öffentliches Recht an der Fernuniversität Hagen und der Berliner Humboldt-Universität gelehrt hatte; Dieter Hart, Gründer des Bremer Instituts für Gesundheits- und Medizinrecht (heute Institut für Informations-, Gesundheits- und Medizinrecht); Hans-Jürgen Papier, Staatsrechtler und von 2002 bis 2010 Präsident des Bundesverfassungsgerichts.

Aus der Professorenschaft des medizinisch-naturwissenschaftlichen Umfelds kamen unter anderem der Pharmazeut Gerd Glaeske, die Humanbiologin Ulrike Kämmerer, der Rechtsmediziner Klaus Püschel, der Internist Matthias Schrappe, der medizinische Mikrobiologe Sucharit Bhakdi und seine Ehefrau, die Biochemikerin Karina Reiß.

Diese wenigen Namen sollen genügen, obwohl ebenso Vertreter aus weiteren Wissenschaftszweigen – wie den Erziehungs- und Sozialwissenschaften – genannt werden könnten.

Der Philosophieprofessor Daniel von Wachter versuchte im April 2020, das Verhärten der Frontlinien zeichnete sich deutlich ab, eine erkenntnistheoretische Analyse zum „Coronavirus".
Er zeichnete nach, warum der eine Forscher „seriös" und der andere „unseriös" genannt wird – beide Seiten („Pro und Contra") übten das gleiche Verhalten.
Daniel von Wachter selbst ist ziemlich skeptisch bezüglich der Coronanarrative, deswegen sind seine Sympathien trotz seiner philosophischen Note zu erkennen. Siehe Wachter, Daniel von: Eine philosophische Untersuchung des Neuen Coronavirus; https://von-wachter.de/cov/Wachter_2020-NCoV-LaTeX.pdf.

diskutiert, vielmehr wurden jene öffentlich desavouiert und die harten Regierungsmaßnahmen sakrosankt gesetzt. Oppositionelle Arbeit wurde in Form der „Anwälte für Aufklärung" oder interdisziplinär mit dem „Corona-Ausschuss"[96] organisiert. Diese Opposition wurde ebenfalls öffentlichkeitswirksam konsequent desavouiert – die Fronten verhärteten sich völlig.

Im Südwesten formierten sich die „Querdenker" als Opposition gegen die Corona-Politik der Regierung. Laut einer Expertise des Instituts für Soziologie der

---

Im Januar 2021 schließlich wertete Franziska Augstein die Coronaberichterstattung der „öffentlich-rechtlichen Sendeanstalten" als unseriös und miserabel, siehe Augstein, Franziska: Fortgeworfen vom Staat; https://www.spiegel.de/politik/deutschland/fortgeworfen-vom-staat-a-1f15a237-154f-4118-a015-e75df6ec633a.

[96] Überraschend ist es nicht, dass es sein kann, als ob dabei Personen waren, die in erster Linie ihre eigenen (pekuniären?) Interessen verfolgten, siehe Wienand, Lars: Der Billionen-Euro-Schwindel; https://www.t-online.de/nachrichten/corona-krise/id_100054782/reiner-fuell-mich-der-billionen-euro-schwindel-um-corona.html.

Universität Basel[97] rekrutierten sich die ursprünglichen Querdenker aus gebildeten Kreisen und kamen politisch zu einem großen Teil aus dem rot-grünen Umfeld.

Die Querdenker erhielten durch ihre provokanten Aktionen die gewollte mediale Aufmerksamkeit. Die Folge war, dass dort auf Fundamentalopposition geeichte Akteure des rechten Lagers andockten, die Querdenker okkupierten und durch das provokante Spektakel des Marketings „Skandalokratie" eine weitergehende, differenzierte, sachliche und vernünftige Diskussion über Sinn und Zweck, über Unverhältnismäßigkeit und Verhältnismäßigkeit der Corona-Politik der Regierung erstickte oder doch zumindest enorm erschwerte.[98]

---

[97] Nachtwey, Oliver / Schäfer, Robert / Frei, Nadine: Politische Soziologie der Corona Proteste. Basel 2020; https://osf.io/preprints/socarxiv/zyp3f/.

[98] Wenn dann von Regierungsstellen – nicht unbedingt grundlos – angemahnt wird *„Wir bitten Sie: Glauben Sie nur den offiziellen Quellen"*, dieser Satz auf den Internetseiten vieler Kommunen übernommen wird (siehe bspw. die Zusammenfassung einer Informationsveranstaltung der „Städteregion Aachen", http://www.rs-mausbach.de/zusammenfassung-der-infoveranstaltung-zum-coronavirus/), dann sollte sich bitte niemand wundern, dass solche Sätze dazu beitragen, das

„Pro und Contra" radikalisierten sich – eine Headline aus jenen Tagen – „Fiat pandemia et pereat mundus" – passte.

Wer nun annimmt, dass wegen der grundsätzlichen Fundamentalopposition zur Regierungspolitik auch zum Ukrainekrieg tonangebende, „jungkonservativ" beeinflusste AfD-Politiker nur reflexartig pro-russisch agieren und sich wundert, dass die Propagandisten des Nationalstaats der Ukraine die Nationalstaatlichkeit absprechen, der irrt!
Bereits im März 2014 war die prorussische Linie der AfD unmissverständlich durch eine Rede Gaulands auf dem Erfurter Parteitag verkündet worden. Weiß griff die Gaulandrede auf und hob hervor, dass Gauland in dieser Rede unmittelbar an Carl Schmitt anschließt. Und zwar an Schmitts Souveränitätsbegriff, an Schmitts Mythos zum Volkstum, der über dem westlichen Völkerrecht

---

fundamentalistische Lager der oppositionellen Provokateure anzuheizen. Angemerkt sei, dass derartige Sätze auch mir etwas mehr als unbehaglich sind.

stehe und so fort. Gauland übernahm Schmitts
Terminologie, nebst den heroischen Mythen.[99]
Kellershohn analysierte bereits 2015 die damaligen
„jungkonservativen" Diskurse der Neuen Rechten, die
mittlerweile in der AfD tonangebend sind.[100]
Kellershohn resümierte, dass das

---

[99] Leider ist die Rede unter der in den Quellen angeführten URL
nicht zu finden.

Ebenfalls ist das damals von Gauland verfasste Thesenpapier zur
Außenpolitik nicht mehr unter der angeführten URL aufzurufen.

Doch in einigen Quellen sind wesentliche Passagen der
Gaulandrede kopiert, zitiert und analysiert worden, bspw. von
Meier-Walser, Reinhard: Außenpolitische Positionen der „AfD" und
der Partei „Die Linke". Analyse und Vergleich; Argumentation
kompakt, Ausgabe 11/2016, S. 6f.; siehe auch Weiß, Volker: Die
autoritäre Revolte. Die Neue Rechte und der Untergang des
Abendlandes. Stuttgart 2018. S 206ff.

Siehe für eine kurze Gesamtschau der AfD-Positionen zu Putin ab
Parteigründung auch Roeser, Rainer / Häusler, Alexander: Die
Positionen der AfD zum Putin-Regime und dem russischen
Angriffskrieg auf die Ukraine. FORENA Diskussionspapier,
Düsseldorf, 14.04.2022.

[100] Kellershohn, Helmut: AfD-Sondierungen. Teil 4: Außenpolitische
Sandkastenspiele. Die Russlandfrage aus der Sicht der
jungkonservativen Neuen Rechten; Duisburg 30. Juni 2015.

„jungkonservative" Konzept grundsätzlich anti-westlich verankert ist, folglich durch die geopolitische Lage pro-russisch ausschaut. Dahinter verberge sich jedoch das Ziel, nach Möglichkeit alle Chancen zu nutzen, um die machtpolitischen Interessen Deutschlands (machtpolitisch natürlich im „jungkonservativen" Sinne) voranzutreiben.

Die Linie Kellershohns wirkt ziemlich schlüssig, so dass die pro-russische Haltung der tonangebenden „jungkonservativen" AfD-Politiker wahrlich keine Überraschung ist.

Es ist nun vielmehr die Frage angebracht, ob es eine Überraschung ist, dass Personen, die in der öffentlichen Wahrnehmung als Liberale gelten, in ihren Publikationen der Propaganda des Kremls folgen?
Mehr oder weniger übernehmen derartige „Liberale" die Narrative der „Jungkonservativen", schwelgen auch in Antiamerikanismus, äußern sich lauthals pro-russisch oder verweigern der Ukraine unverblümt das Recht, ein eigenständiger Staat zu sein.[101]

---

[101] Ein paar Beispiele: Bandulet, Bruno: DeutschlandBrief: Ukraine – ein Krieg mit langer Vorgeschichte; in: ef-Heft 221, 2022, S. 8-12.

Weede, Erich: Der Krieg in der Ukraine: Vorgeschichte und mögliche Folgen; in: ef-Heft 221, 2022, S. 27-28.

Krause, Klaus Peter: Die Schurkenrolle der USA im Ukraine-Krieg; https://kpkrause.de/2022/03/04/die-schurkenrolle-der-usa-im-ukraine-krieg/#more-12246.

Alle drei Autoren sind Mitglieder der Hayek-Gesellschaft und gelten in der öffentlichen Wahrnehmung als Liberale. Liberale Putinversteher? Oder Liberale, die sich von den „jungkonservativen" Wiedergängern der „Konservativen Revolution" benutzen lassen? Auf Hayek können sich die drei nicht berufen, vielmehr schädigen sie das freiheitliche Anliegen.

Wohltuend sind dagegen Artikel von Martin Rhonheimer, ebenfalls Mitglied der Hayek-Gesellschaft. Rhonheimer zerpflückt die Propaganda des Kremls und dessen bereitwilligen Vasallen, rückt die Dinge ins rechte Licht, siehe Rhonheimer, Martin: Die Ukraine verteidigt ihre Freiheit – und diejenige Russlands; https://austrian-institute.org/wp-content/uploads/2022/03/Rhonheimer-Martin-Die-Ukraine-verteidigt-ihre-Freiheit-%E2%80%93-und-diejenige-Russlands-Ai-Paper-Nr.-42-2022.pdf; derselbe: Der Westen verteidigt seine Freiheit; in: NZZ vom 03.06.2022, S. 31; derselbe: Seit Putins Angriff auf die Ukraine ist Politik keine Wohlfühlveranstaltung mehr – aber nicht deshalb, weil der Westen nun einen Feind hat; https://www.nzz.ch/feuilleton/ukraine-krieg-politik-heisst-kampf-um-die-herrschaft-des-rechts-ld.1711555.

„Der Hauptgrund, warum wir in der Demokratie Redefreiheit haben, ist die Förderung des öffentlichen Diskurses über Politik seitens der Bürger und ihrer Vertreter. Aber die Art von Debatte, in der einer den anderen mit Beleidigungen überhäuft, ganz zu schweigen von körperlicher Gewalt, und dann den Protest als Angriff auf die Redefreiheit anprangert, ist nicht die relevante Art des öffentlichen Diskurses, die das Recht auf freie Meinungsäußerung schützen soll.“

– JASON STANLEY

Was bleibt?

Wie sollen sich Liberale verhalten, die Polarisierungen und die Skandalokratie möglichst überwinden wollen?

Der Liberalismus ist in den heutigen parlamentarischen Demokratien, besonders in Deutschland[102], nicht mehrheitsfähig. Nichtsdestotrotz sollten Freiheitliche

---

[102] Vgl. den Text und die Verweisstellen zur Fußnote 86.

beständig mit einem Minderheitenprogramm der Stachel im Fleisch sein, um für freiheitliche Lösungen der verschiedensten ökonomischen, politischen und gesellschaftlichen Probleme zu fechten[103], ohne ebenfalls ins Horn des Polarisierens zu stoßen. Grundsätzlich polarisierende Liberale erweisen dem freiheitlichen Anliegen schlechte Dienste. Ein Beispiel ist das anarcholiberale Buch „Schluss mit Demokratie und Pöbelherrschaft!"[104], das leider, obzwar nicht „jungkonservativ" motiviert, trotzdem genügend Erinnerungen an Jungs Buch „Die Herrschaft der Minderwertigen" wachruft. „Links" wird derartige Publikationen gerne aufgreifen, um weiter an der Mär „Formen bürgerlicher Herrschaft. Liberalismus und Faschismus"[105] zu werkeln.

---

[103] Vgl. Schwarz, Gerhard: Liberalismus trotz allem. Hamburg 2009, PDF-Manuskript und derselbe: Die Universalität der Ordnungspolitik und die Bedeutung der Religionen für die Marktwirtschaft. PDF-Manuskript 2011.

[104] Tögel, Andreas: Schluss mit Demokratie und Pöbelherrschaft! Grevenbroich 2015.

[105] Derart wird dies seit Jahrzehnten erfolgreich durch „Linke" getätigt, schon der Einband von Kühnls Buch spricht für

Gleichfalls senden Liberale, „die linke oder rechte Entgleisungen dulden", verharmlosen, verniedlichen oder gar entschuldigen[106], „Signale in Sachen

sich; siehe Kühnl, Reinhard: Formen bürgerlicher Herrschaft. Liberalismus und Faschismus. Hamburg 1971.

[106] Ein Beispiel dieser Art ist eine Kolumne des Vorsitzenden der Hayek-Gesellschaft in der Welt, siehe Kooths, Stefan: „AfD-Nähe" wird leicht zur politischen Kampfvokabel; https://www.welt.de/debatte/kommentare/article225943385/AfD-Naehe-wird-zur-politischen-Kampfvokabel-Gastbeitrag-von-Stefan-Kooths.html. Der Autor ist nicht, wie er meint, ganz nahe bei Hayek, sondern wird zum Wasserträger „jungkonservativer" Stichwortgeber.

Weitere derartige Signale sendet laufend Gerhard Papke (bis 2012 FDP-Fraktionschef im NRW-Landtag), der nicht nur Viktor Orbán illiberale Politik verharmlost, sondern geradezu das Hohe Lied der illiberalen Demokratie singt; hier Papke selbst (Hinweis zum schriftlichen Text; mit dem automatischen Übersetzer arbeiten, da der Vortrag ungarisch gehalten wurde), Papke, Gerhard: Das gepflegte Zerrbild des modernen Ungarn, Vortrag vom 02.10.2021 in Essen; https://ungarnreal.de/das-gepflegte-zerrbild-des-modernen-ungarn/. Till-Reimer Stoldt zeichnete im April 2021 Papke als einen Nationalliberalen, der als Präsident der Deutsch-Ungarischen Gesellschaft immer zugespitzter Pro-Orbán agiert; siehe Stoldt. Till-Reimer: Orbáns deutsche Stimme?;

gesellschaftlicher Freiheit. Liberale, die dies mittragen, senden ebenso ein Signal. Jeder hat die Freiheit der Wahl. Aber damit zeigt jeder auch seine wahre Haltung. Es ist ein schmaler Grat zwischen dem liberalen Widerstand gegen die Einschränkung der Freiheit einer offenen

---

https://www.welt.de/regionales/nrw/article230534511/Gerhard-Papke-FDP-faellt-durch-Naehe-zu-Ungarns-Politik-auf.html.

Orbán erklärte 2014, „dass der Staat, den wir errichten, ein illiberaler Staat ist", siehe Imwinkelried, Daniel: «Nazi-Text» und Rassismusvorwurf: Viktor Orban gebärdet sich wieder einmal als konservativer Revoluzzer; https://www.nzz.ch/international/viktor-orban-empoert-mit-warnung-vor-einer-gemischtrassigen-welt-ld.1695538. In diesem Artikel wird auf Orbáns Rede vom 23.07.2022 im rumänischen Baile Tusnad verwiesen. Zsuzsa Hegedüs, Orbáns Beauftragte für soziale Integration und politisch seine langjährige Weggefährtin, bezeichnete die Rede als «reinen Nazi-Text», der an Goebbels erinnere. Wegen dieser Rede Orbáns trat Hegedüs von ihrem Amt zurück.
Auf der CPAC-Konferenz in Texas am 04.08.2022 sagte Orbán in seiner Rede, dass Kommunismus und Liberalismus dasselbe sind und besiegt werden müssen; siehe o. V.: Viktor Orban Auftaktredner beim Kongress der Rechtskonservativen in Texas; https://de.euronews.com/2022/08/05/viktor-orban-auftaktredner-beim-kongress-der-rechtskonservativen-in-texas.

Gesellschaft und dem politischen Widerstand gegen eine offene Gesellschaft mit dem Argument der Freiheit".[107]

Daraus folgt unmittelbar, dass Freiheitliche sich in jedem Fall klar und deutlich von den Entgleisungen – egal, ob von „Links", „Rechts" oder „der Mitte" – abzugrenzen haben, eindeutig sachlich Stellung beziehen sollen und nach Möglichkeit auch Alternativen aufzeigen sollten.[108]

Entgleisungen durch polarisierende Stammtischparolen springen regelmäßig in die Augen, sind jedoch auch üblich, wenn auf dem vornehmen Boden des Parketts gefochten wird. Systematisch werden semantisch geschickt Assoziationen geschürt, die das Wecken alter Vorurteile und Klischees im Zusammenhang mit politischen Problemen, gesellschaftlichen Zuständen

---

[107] Der Appell ist einer privaten E-Mail an den Verfasser entnommen.

[108] Es genügt demzufolge nicht, Entgleisungen in die Schranken zu weisen. Vielmehr sollten die tatsächlichen Liberalen sich vernetzen, sich austauschen und eine Art von „Zettelkasten" vorhalten, um bei wichtigen politischen, ökonomischen und gesellschaftlichen Themen nicht nur argumentativ gegenzuhalten, sondern den „Wert der besseren Ideen" mit Alternativen zu unterlegen.

oder ökonomischen Problemen bezwecken. Eloquent und elegant versuchen die semantisch Zündelnden selbst jene gefährlichen Untiefen und Klippen zu umsegeln – sie haben derart natürlich nicht vorgetragen![109]

Ob Stammtisch oder Parkettboden, die Gratwanderung bei Diskussionen ist immer gegeben, schon wegen der „politischen Sprachverwirrung".[110] Obacht bei

---

[109] Die „Welt am Sonntag" berichtete über solche geschickten Entgleisungen im Februar 2022. Involviert waren auch Personen, die in der öffentlichen Wahrnehmung als Liberale gelten, letztlich also der freiheitlichen Botschaft schaden.
Siehe Henke, Judith / Meyer, Laurin / Nabert, Alexander: Die Reiter der Apokalypse; in: Welt am Sonntag, 13.02. 2022, S. 13-16.

[110] Zur politischen Sprachverwirrung siehe Hayek, Friedrich August von: Die Sprachverwirrung im politischen Denken; in: Hayek, Friedrich August von: Freiburger Studien, Tübingen 1969, S. 206-231; Brezinika, Wolfgang: Die Pädagogik der Neuen Linken. 6. Auflage, München 1981; Podak, Klaus / Zimmermann, Kurt: Philosophie gegen falsche Propheten. Sir Karl Raimund Popper. Hessischer Rundfunk, Film 07.08.1974; https://www.dailymotion.com/video/x1tpjok#:~:text=September%201994%20in%20London)%20war,Philosophie%20den%20kritischen%20Rationalismus%20begr%C3%BCndete.
Die drei richteten den Blick vorwiegend auf die Besetzung wichtiger Vokabeln durch „Linke", die den Sinn der besetzten Ausdrücke

Diskussionen, in denen die Kampfbegriffe[111] „Europa“, „Abendland“ und/oder „Heimat“ zentral sind. Diese Vokabeln werden bedeutungsträchtig von „Links“ und von „Rechts“ völlig unterschiedlich unterfüttert[112], so

---

entleeren oder ins Gegenteil drehen. Brezinika wehrte sich gegen solche feindlichen Übernahmen; Hayek stellte sachlich fest, welche wichtigen Begriffe nun fest in linker Hand sind; Popper bemerkte, dass er nicht in Diskussionen zunächst ellenlang über Definitionen reden möchte, er überließ deswegen den Linken mehr oder weniger das Feld. Nur, schon mit Blick auf die Ansicht Hayeks und ganz besonders auf den Standpunkt Poppers ist ein Spruch, der Konfuzius zugeschrieben wird, zu bedenken: *„Wenn Worte ihre Bedeutung verlieren, verlieren Menschen ihre Freiheit!“*

Übrigens, die „Sprachverwirrung“ ist kein Markenzeichen der „Linken, diese ist schon bei Carl Schmitt im „Begriff des Politischen“ zu finden. Schon im Vorwort wies Schmitt theoretisch den Weg, um mit der Besetzung von Begriffen ein Freund-Feind-Klima zu schaffen; Schnitt, Carl: Schmitt, Carl: Der Begriff des Politischen. Berlin 1932.

[111] Kampfbegriffe? Ja! Siehe bspw. oben in Fußnote 22 den Verweis auf Weiß, Volker: Die autoritäre Revolte. Die Neue Rechte und der Untergang des Abendlandes. Stuttgart 2018, S. 115-186.

[112] Der amerikanische Rechtsprofessor Joseph Halevi Horowitz Weiler, Sohn eines litauischen Rabbiners, erörterte in einem Essay die verkürzte, verzerrende und verfälschende Sichtweise der „Linken“ zum kulturellen Erbe Europas, nebst den daraus

dass – die Definitionen sind unklar – beide Seiten im Grunde über völlig unterschiedliche Begriffe streiten. Holger Zastrow betonte schon vor Jahren zu Recht, dass auf dem Parkettboden der feinen Salons und Klubs

---

gleichfalls verzerrend definierten „europäischen Werten" der „Linken". Horowitz sezierte nicht die „Linke" im engeren Sinne, seine Analyse bezieht sich trotzdem auf die „Linken" in allen Parteien. Siehe Weiler, J. H. H.: Ein christliches Europa. Salzburg 2004. Ergo, Röpkes Verdikt (siehe Fußnote 33) umschließt auch die „Linken" im Sinne der Analyse von Horrowitz.

Zum Gebrauch der Vokabeln durch „Rechts", siehe Weiß, Volker: Die autoritäre Revolte. Die Neue Rechte und der Untergang des Abendlandes. Stuttgart 2018, S. 115-186. Korrekt vermerkt Weiß, dass natürlich die Begrifflichkeit dieser Vokabeln – ob „Rechts" oder „Links" – immer dem aktuell Zweckmäßigen angepasst wird, so dass heute die Bedeutung gegensätzlich zu gestern ist – und beide Seiten klingen mitunter auch ähnlich, so trommelten „Linke" für ein „europäisches Imperium" als weitere Weltmacht (bspw. Schulz, Martin: Der gefesselte Riese. Europas letzte Chance. Berlin 2013) und „Rechte" träumen vom eurasischen Großraum (Weiß, Volker: Die autoritäre Revolte. Die Neue Rechte und der Untergang des Abendlandes. Stuttgart 2018, S. 115-186).

Festzuhalten ist, dass „das Wunder Europa" (so der Titel eines Buches von Eric L. Jones) weitaus mehr ist, als das, was „Links" und „Rechts" fabulieren.

vornehm mit dem Florett zu fechten sei[113], doch um Erfolg zu haben, dürften sich die Liberalen nicht zu fein sein auch auf die Straße zu gehen oder die Stammtische aufzusuchen, um dort mit dem schweren Säbel zu holzen.

Beides geht, vornehm als Gentleman das Florett gebrauchen oder als Holzhacker den schweren Säbel einsetzen – auch mit rhetorischer Polemik auf hohem Niveau, doch mit Blick auf die „Sprachverwirrung" ist und bleibt dies eine Gratwanderung.

In Anlehnung an eine Formel, die Lenin zugeschrieben wird, gilt als Fazit, dass sich die Freiheitlichen nicht als nützliche Idioten – weder für „Links", noch für „Rechts" – missbrauchen lassen sollten!

---

[113] Vgl. zu Zastrow bspw. Weiland, Severin: Last Man Standing der FDP; https://www.spiegel.de/politik/deutschland/sachsen-landtagswahl-fdp-chef-zastrow-kaempft-a-988326.html.

Im Text genanntes Schrifttum

Ackermann, Ulrike: Das Schweigen der Mitte. Wege aus der Polarisierungsfalle. Darmstadt 2020.

Ackermann, Ulrike: Die neue Schweigespirale. Wie die Politisierung der Wissenschaft unsere Freiheit einschränkt. Darmstadt 2022.

Aly, Goetz: Die Leiche im Keller der FDP; in: Frankfurter Rundschau; https://www.fr.de/meinung/leiche-keller-11405849.html.

Aly, Götz: Macht Geist Wahn: Kontinuitäten deutschen Denkens. Berlin 1997.

Aly, Götz: Wilhelm Röpke gegen Volk und Führer. Liberale Kritik am nationalen Sozialismus; in: derselbe: Volk ohne Mitte: Die Deutschen zwischen Freiheitsangst und Kollektivismus. Frankfurt/M. 2015.

Badura, Leander F.: Ein Magazin für reiche Radikale; https://www.freitag.de/autoren/lfb/ein-magazin-fuer-reiche-radikale.

Bandulet, Bruno: Deutschlandbrief. Der Aufstand gegen die EU. Eine aktuelle polnische Sicht auf die europäische

Vergangenheit und Zukunft; in: eigentümlich frei, Heft 178, Dezember 2017, S. 8-9.

Bandulet, Bruno: DeutschlandBrief: Ukraine – ein Krieg mit langer Vorgeschichte; in: ef-Heft 221, 2022, S. 8-12.

Belloc, Hilaire: Der Sklavenstaat. Bad Schmiedeberg 2019 (die englische Erstausgabe erschien 1912, die deutsche Übersetzung von Arthur Salz 1924).

Blankertz, Stefan: Das libertäre Manifest. 2. verbesserte Auflage, Grevenbroich 2002.

Blankertz, Stefan: Die neue APO: Gefahren der Selbstintegration. Norderstedt 2016.

Breuer, Ingeborg: Antiliberal und autoritär; https://www.deutschlandfunk.de/alte-und-neue-rechte-antiliberal-und-autoritaer-100.html.

Breuer, Stefan: Anatomie der Konservativen Revolution. 2. Auflage, Darmstadt 1995, Sonderausgabe 2005.

Breuer, Stefan: Ordnungen der Ungleichheit. Die deutsche Rechte im Widerstreit ihrer Ideen 1871–1945. Darmstadt 2001.

Brezinika, Wolfgang: Die Pädagogik der Neuen Linken. 6. Auflage, München 1981.

Briefs, Goetz: Untergang des Abendlandes, Christentum und Sozialismus. Eine Auseinandersetzung mit Oswald Spengler. Bremen 2020, Nachdruck der 2. Auflage von 1921.

Caspart, Wolfgang: Das Gift des globalen Neoliberalismus. Mit Turbokapitalismus in die Krise. Wien 2008.

Felken, Detlef: Oswald Spengler. Konservativer Denker zwischen Kaiserreich und Diktatur. München 1988.

forsa Gesellschaft für Sozialforschung und statistische Analysen mbH: dbb Bürgerbefragung „Öffentlicher Dienst" 2022. Der öffentliche Dienst aus Sicht der Bevölkerung, 18. August 2022.

Franz, Günther: Der deutsche Bauernkrieg. 12. Auflage, Darmstadt 1984.

Gauland, Alexander: Die AfD in der Krise; in: FAZ vom 24.01.2014.

Gebhardt, Richard: Hauptfeind Liberalismus; https://www.der-rechte-rand.de/archive/3461/thor-von-waldstein-liberalismus/.

Girard, Rene: Ausstoßung und Verfolgung: Eine historische Theorie des Sündenbocks. Frankfurt/M. 1992.

Girard, Rene: Der Sündenbock. Zürich 1988.

Girard, Rene: Figuren des Begehrens: Das Selbst und der Andere in der fiktionalen Realität. Münster 2012.

Graß, Karl-Martin: Jung, Edgar Julius; in: Neue Deutsche Biographie 10 (1974), S. 669-671 [Online-Version: https://www.deutsche-biographie.de/pnd118714112.html#ndbcontent).

Habermann, Gerd: Vor der Entscheidung. Eigentum und Freiheit in den Parteiprogrammen zur Bundestagswahl 2021. Berlin, Juli 2021 (PDF-Datei).

Hacke, Jens: Existenzkrise der Demokratie: Zur politischen Theorie des Liberalismus in der Zwischenkriegszeit. Berlin 2018.

Hagedorny, Matheus: Für das Kopftuch, gegen den Westen – warum deutsche Rechtsextreme mit radikalen Muslimen sympathisieren; https://www.nzz.ch/feuilleton/verbuendete-im-kampf-gegen-die-liberale-dekadenz-warum-deutsche-rechtsextreme-mit-radikalen-muslimen-sympathisieren-ld.1658249.

Haffner, Sebastian: Germany: Jekyll & Hyde - 1939 - Deutschland von innen betrachtet. Berlin 1996 (Übersetzung der englischen Originalausgabe von 1940).

Hahn, Roland: Marktwirtschaft und Sozialromantik. Die programmatische Erneuerung des Liberalismus in Deutschland unter dem Einfluß der Ideen Wilhelm Röpkes und Alexander Rüstows. Egelsbach 1993.

Hayek, Friedrich August von: Die Sprachverwirrung im politischen Denken; in: Hayek, Friedrich August von: Freiburger Studien, Tübingen 1969, S. 206-231.

Hayek, Friedrich August von: Der Weg zur Knechtschaft. 4. Auflage, München 1981.

Henke, Judith / Meyer, Laurin / Nabert, Alexander: Die Reiter der Apokalypse; in: Welt am Sonntag, 13.02. 2022, S. 13-16.

Hennecke, Hans Jörg: Wilhelm Röpke. Ein Leben in der Brandung. Stuttgart 2005.

Holmes, Stephen: Die Anatomie des Antiliberalismus. Hamburg 1995.

Imwinkelried, Daniel: «Nazi-Text» und Rassismusvorwurf: Viktor Orban gebärdet sich wieder einmal als konservativer Revoluzzer; https://www.nzz.ch/international/viktor-orban-empoert-mit-warnung-vor-einer-gemischtrassigen-welt-ld.1695538.

Institut für Demoskopie Allensbach: Politischer Radikalismus und die Neigung zu Verschwörungstheorien. Februar 2022, https://www.swr.de/unternehmen/kommunikation/pressemeldungen/story-im-ersten-tankstellenmord-114.pdf.

Jones, Eric L.: Das Wunder Europa: Umwelt, Wirtschaft und Geopolitik in der Geschichte Europas und Asiens. Tübingen 2012.

Jongen, Marc: Das Märchen vom Gespenst der AfD; in: Cicero, 22.01.2014; https://www.cicero.de/innenpolitik/afd-ein-manifest-fuer-eine-alternative-fuer-europa/56894.

Jung, Edgar Julius: Die Herrschaft der Minderwertigen. Ihr Zerfall und ihre Ablösung. Berlin 1927. Jung, Edgar Julius: Die Herrschaft der Minderwertigen. Ihr Zerfall und ihre Ablösung durch ein neues Reich. Berlin 1930. [https://archive.org/details/edgar-julius-jung-die-herrschaft-der-minderwertigen/page/26/mode/2up]

Kaeser, Eduard: Liberalenbeschimpfung; https://www.journal21.ch/artikel/liberalenbeschimpfung.

Kellershohn, Helmut: AfD-Sondierungen; Teil 1 bis Teil 5, Duisburger Institut für Sprach- und Sozialforschung e.V.: https://www.diss-duisburg.de/2014/04/helmut-kellershohn-afd-sondierungen-i/; http://www.diss-duisburg.de/2014/06/helmut-kellershohn-afd-sondierungen-2/; https://www.diss-duisburg.de/2014/09/helmut-kellershohn-afd-sondierungen-3/; http://www.diss-duisburg.de/2015/06/helmut-kellershohn-afd-sondierungen-4/; http://www.diss-duisburg.de/2016/06/helmut-kellershohn-afd-sondierungen-5/.

Köpf, Peter: Schreiben nach jeder Richtung. Goebbels-Propagandisten in der westdeutschen Nachkriegspresse. Berlin 1995.

Kooths, Stefan: „AfD-Nähe" wird leicht zur politischen Kampfvokabel; https://www.welt.de/debatte/kommentare/article225943385/AfD-Naehe-wird-zur-politischen-Kampfvokabel-Gastbeitrag-von-Stefan-Kooths.html.

Krause, Klaus Peter: Die Schurkenrolle der USA im Ukraine-Krieg; https://kpkrause.de/2022/03/04/die-schurkenrolle-der-usa-im-ukraine-krieg/#more-12246.

Kubitschek, Götz / Weissmann, Karlheinz (Hg.): Georges Sorel. Erzvater der Konservativen Revolution. Schnellroda 2000.

Kühnl, Reinhard: Formen bürgerlicher Herrschaft. Liberalismus und Faschismus. Hamburg 1971.

Küpper, Reiner: Der ‚Ghostwriter' des ‚Herrenreiters'. Universität Duisburg-Essen 2010 (PDF-Datei).

Leggewie, Claus: Der Geist steht rechts. Ausflüge in die Denkfabrik der Wende. Berlin 1987.

Legutko, Ryszard: Der Dämon der Demokratie. Totalitäre Strömungen in liberalen Gesellschaften. Wien 2017.

Lenk, Kurt: Rechts, wo die Mitte ist. Studien zur Ideologie: Rechtsextremismus, Nationalextremismus, Konservatismus. Baden-Baden 1994.

Leuschner, Udo: Zur Geschichte des deutschen Liberalismus. https://www.udo-leuschner.de/liberalismus/.

Lichtmesz, Martin: Der Hauptfeind des Liberalen; https://sezession.de/14803/der-hauptfeind-des-liberalen.

Löbbert, Raoul: Der Nazi von Christ und Welt. Christ & Welt, 30.08.2012, PDF-Datei.

Lüdders, Marc: Die Suche nach einem «Dritten Weg». Beiträge der deutschen Nationalökonomie in der Zeit der Weimarer Republik. Frankfurt/M. 2004.

Mann, Thomas: Tagebücher 1933–1934. Frankfurt/M. 1997.

Machke, Günter: Das bewaffnete Wort. Aufsätze aus den Jahren 1973-93. Wien 1997.

Milz, Hubert: Freiheit - ein fragiles "Kulturideal". Ein Essay über Wilhelm Röpke. München 2019.

Milz, Hubert: Gegenstandpunkt: Liberale „konservative Revolutionäre"? Nein!; in: ef-Heft 198, 2019, S. 28-31.

Milz, Hubert: Soziale Marktwirtschaft – das gescheiterte deutsche neoliberale Projekt? Norderstedt 2021.

Mises, Ludwig von: Die Gemeinwirtschaft. Untersuchungen über den Sozialismus. 2. umgearbeitete Auflage, Jena 1932.

Mohler, Armin: Das Gespräch: Über Linke, Rechte und Langeweiler. Dresden 2001.

Mohler, Armin: Die Konservative Revolution in Deutschland 1918-1932. Ein Handbuch. Hauptband und Ergänzungsband. 4. Auflage, Darmstadt 1994.

Mohler, Armin: Gegen die Liberalen. Schnellroda 2010.

Moeller van den Bruck, Arthur: Das dritte Reich. Hamburg 1931.

Müller, Florian: Libertäre Konservative Revolution? Wider die neurechte Vereinnahmung; in: ef-Heft 197, 2019, S. 30-32.

Müller, Florian: Libertäre und Identitäre: Für den fairen statt den großen Austausch; in: ef-Heft 197, 2019, S. 22-25.

Müller, Florian: Wilhelm Röpke: Ein Ökonom zwischen den Stühlen; in: Recherche D, Ausgabe 3, November 2018, S. 37-39.

Müller, Ingo: Furchtbare Juristen. Die unbewältigte Vergangenheit unserer Justiz. München 1987.

Nachtwey, Oliver / Schäfer, Robert / Frei, Nadine: Politische Soziologie der Corona Proteste. Basel 2020; https://osf.io/preprints/socarxiv/zyp3f/.

Naumann, Friedrich: National-sozialer Katechismus: Erklärung der Grundlinien des National-Sozialen Vereins. Berlin 1897. https://archive.org/details/nationalsozialer00naum/page/14/mode/2up.

o. V.: In Memoriam Wilhelm Röpke. Marburg 1968.

o. V.: Rechte Revolutionäre; https://www.dw.com/de/rechte-revolution%C3%A4re/a-57758176.

o. V.: Sloterdijk und AfD-Hausphilosoph Jongen: Homöopathie, Erbauung, Erquickung; https://taz.de/Sloterdijk-und-AfD-Hausphilosoph-Jongen/!5303601/.

o. V.: Viktor Orban Auftaktredner beim Kongress der Rechtskonservativen in Texas; https://de.euronews.com/2022/08/05/viktor-orban-auftaktredner-beim-kongress-der-rechtskonservativen-in-texas.

Papke, Gerhard: Das gepflegte Zerrbild des modernen Ungarn, Vortrag vom 02.10.2021 in Essen;

https://ungarnreal.de/das-gepflegte-zerrbild-des-modernen-ungarn/.

Peters, Michael: Der Alldeutsche Verband am Vorabend des Ersten Weltkrieges (1908-1914). 2. Auflage, Frankfurt/M. 1995.

Pfahl-Traughber, Armin: Von der „Metapolitik" zum „Populismus"; https://www.endstation-rechts.de/news/von-der-metapolitik-zum-populismus.

Pfahl-Traughber, Armin: Die "Neue Rechte" ist – und was nicht. Definition und Erscheinungsformen einer rechtsextremistischen Intellektuellengruppe; https://www.bpb.de/themen/rechtsextremismus/dossier-rechtsextremismus/284268/die-neue-rechte-ist-und-was-nicht/.

Pieper, Josef: Über das christliche Menschenbild. Freiburg 1995.

Piper, Ernst: Abspaltungen und Fusionen. https://www.das-parlament.de/2013/45_46/Themenausgabe/47676195-325294.

Plickert, Philip: Wandlungen des Neoliberalismus. Stuttgart 2008.

Plöger, M. Frederik: Soziologie in totalitären Zeiten: Zu Leben und Werk von Ernst Wilhelm Eschmann (1904-1987). Münster 2007.

Podak, Klaus / Zimmermann, Kurt: Philosophie gegen falsche Propheten. Sir Karl Raimund Popper. Hessischer Rundfunk, Film 07.08.1974; https://www.dailymotion.com/video/x1tpjok#:~:text =September%201994%20in%20London)%20war,Philoso phie%20den%20kritischen%20Rationalismus%20begr% C3%BCndete.

Prollius, Michael von: Bürger als Quell schlechter Politik; https://forum-freie-gesellschaft.de/buerger-als-quell-schlechter-politik/.

Prollius, Michael von: Was wäre wenn …; https://forum-freie-gesellschaft.de/was-waere-wenn/.

Prollius, Michael von: Für eine schlechtere Welt: Selbstschädigung durch antikapitalistische Ressentiments; https://forum-freie-gesellschaft.de/fuer-eine-schlechtere-welt-

selbstschaedigung-durch-antikapitalistische-
ressentiments/.

Prollius, Michael von: Mitläufer stabilisieren Herrschaft; https://forum-freie-gesellschaft.de/mitlaeufer-stabilisieren-herrschaft/.

Puschner, Uwe / Großmann, G. Ulrich (Hg).: Völkisch und national. Zur Aktualität alter Denkmuster im 21. Jahrhundert. Darmstadt 2009.

Radnitzky, Gerard: Das verdammte 20. Jahrhundert: Erinnerungen und Reflexionen eines politisch Unkorrekten. Zürich 2006.

Rapp, Tobias: Rechtes Denken. Der dunkle Ritter Götz; https://www.spiegel.de/spiegel/goetz-kubitschek-der-wichtigste-intellektuelle-der-neuen-rechten-a-1126581.html.

Reitmayer, Morten: "Elite" im 20. Jahrhundert; in. Aus Politik und Zeitgeschichte. https://www.bpb.de/shop/zeitschriften/apuz/181766/elite-im-20-jahrhundert/?p=all#footnode8-8.

Rhonheimer, Martin: Die Ukraine verteidigt ihre Freiheit – und diejenige Russlands; https://austrian-institute.org/wp-content/uploads/2022/03/Rhonheimer-Martin-Die-Ukraine-verteidigt-ihre-Freiheit-%E2%80%93-und-diejenige-Russlands-Ai-Paper-Nr.-42-2022.pdf.

Rhonheimer, Martin: Der Westen verteidigt seine Freiheit; in: NZZ vom 03.06.2022, S. 31.

Rhonheimer, Martin: Seit Putins Angriff auf die Ukraine ist Politik keine Wohlfühlveranstaltung mehr – aber nicht deshalb, weil der Westen nun einen Feind hat; https://www.nzz.ch/feuilleton/ukraine-krieg-politik-heisst-kampf-um-die-herrschaft-des-rechts-ld.1711555.

Roeser, Rainer / Häusler, Alexander: Die Positionen der AfD zum Putin-Regime und dem russischen Angriffskrieg auf die Ukraine. FORENA Diskussionspapier, Düsseldorf, 14.04.2022.

Röpke, Wilhelm: Der Weg des Unheils. Berlin 1931.

Röpke Wilhelm: Die Katastrophensüchtigen; in: derselbe: Marktwirtschaft ist nicht genug. Waltrop 2009, S. 45-46.

Röpke, Wilhelm: Europa – Einheit in der Vielheit; in: derselbe: Marktwirtschaft ist nicht genug: Gesammelte Aufsätze. Waltrop 2009, S. 235-249.

Röpke, Wilhelm: Epochenwechsel?; in: derselbe: Wirrnis und Wahrheit: Ausgewählte Aufsätze. Erlenbach-Zürich 1962, S. 105-124.

Röpke, Wilhelm: Grabrede auf Walter Troeltsch; in: derselbe: Marktwirtschaft ist nicht genug. Waltrop 2009, S. 37-38.

Röpke, Wilhelm: Nationalsozialisten als Feinde der Bauern; in: Hunold, Albert (Hg.): Gegen die Brandung. Erlenbach-Zürich 1959, S 84-86.

Salzborn, Samuel: Rechtsextremismus: Erscheinungsformen und Erklärungsansätze. 4. Auflage, Baden-Baden 2020.

Sarrazin, Thilo: Deutschland schafft sich ab. München 2010.

Schmid, Thomas: Von Sylt nach Moskau. Die linken Jahre der WELT. https://www.welt.de/debatte/kommentare/article230

032181/Axel-Springer-und-Hans-Zehrer-Die-linken-Jahre-der-WELT.html.

Schmitt, Carl: Der Begriff des Politischen. Berlin 1932. [https://archive.org/details/carl-schmitt-der-begriff-des-politischen-1932/page/11/mode/2up]

Schmitt, Carl: Der Führer schützt das Recht; in: Deutsche Juristen-Zeitung, 39. Jahrgang, Heft 15, Berlin 1934, Sp. 945-950 (http://www.flechsig.biz/DJZ34_CS.pdf).

Schüle, Christian: "Mein Kampf" war gestern: rechte Verlage heute; https://www.br.de/kultur/mein-kampf-war-gestern-rechte-verlage-antaios-jungeuropa-100.html.

Schulz, Martin: Der gefesselte Riese. Europas letzte Chance. Berlin 2013.

Schwarz, Gerhard: Liberalismus trotz allem. Hamburg 2009, PDF-Manuskript.

Schwarz, Gerhard: Die Universalität der Ordnungspolitik und die Bedeutung der Religionen für die Marktwirtschaft. PDF-Manuskript 2011.

Sontheimer, Kurt: Der Tatkreis; in: Vierteljahreshefte für Zeitgeschichte, Heft Juli, München 1959, S. 249-260.

Stein, Dieter: »Ein politisches Kolleg als Vision«. Gespräch mit Karlheinz Weißmann über die Bedeutung wissenschaftlicher Arbeit, in: Junge Freiheit 45/1999; https://jf-archiv.de/archiv99/459yy03.htm.

Stoldt. Till-Reimer: Orbáns deutsche Stimme?; https://www.welt.de/regionales/nrw/article23053451 1/Gerhard-Papke-FDP-faellt-durch-Naehe-zu-Ungarns-Politik-auf.html.

Tögel, Andreas: Schluss mit Demokratie und Pöbelherrschaft! Grevenbroich 2015.

Tofall, Norbert F.: Leviathan wankt und schwankt; https://www.flossbachvonstorch-researchinstitute.com/fileadmin/user_upload/RI/Kom mentare/files/2022/221208-leviathan-wankt-und-schwankt.pdf.

Tofall, Norbert F.: Polarisierung durch Problemverschleppung; https://www.flossbachvonstorch-researchinstitute.com/fileadmin/user_upload/RI/Stud

ien/files/studie-160205-polarisierung-durch-problemverschleppung.pdf.

Tofall, Norbert F. / Mayer, Thomas: Integristen und Identitäre; https://www.flossbachvonstorch-stiftung.de/fileadmin/user_upload/RI/Studien/files/studie-170214-integristen-und-identitaere.pdf.

Universitätsarchiv der Universität Innsbruck: Gutachten und öffentliche Auseinandersetzung betr. A. Mohler 1966-1968; https://www.uibk.ac.at/universitaetsarchiv/universitaetsgeschichte-nach-1950/sowi-iii/001_gutachten-u-oeff-auseinandersetzung-betr-mohler-1966-1968.pdf.

Wosnitzka, Daniel: Edgar Jung 1894-1934. Deutsches Historisches Museum, Berlin 2014 (Museum online: https://www.dhm.de/lemo/biografie/edgar-jung).

Weede, Erich: Der Krieg in der Ukraine: Vorgeschichte und mögliche Folgen; in: ef-Heft 221, 2022, S. 27-28.

Weiland, Severin: Last Man Standing der FDP; https://www.spiegel.de/politik/deutschland/sachsen-landtagswahl-fdp-chef-zastrow-kaempft-a-988326.html.

Weiß, Volker: Die autoritäre Revolte. Die Neue Rechte und der Untergang des Abendlandes. Stuttgart 2018.

Weiß, Volker: Moderne Antimoderne. Arthur Moeller van den Bruck und der Wandel des Konservatismus. Paderborn 2012.

Weiß, Volker: Wenn Rechte für die "Freiheit" kämpfen; https://www.zeit.de/2020/48/corona-politik-afd-rechtspopulismus-querdenken-positionierung.

Weißmann, Karlheinz: Armin Mohler. Eine politische Biographie. Schnellroda 2011.

Weißmann, Karlheinz: Kulturbruch '68. Die linke Revolte und ihre Folgen. Berlin 2017.

Wienand, Lars: Der Billionen-Euro-Schwindel; https://www.t-online.de/nachrichten/corona-krise/id_100054782/reiner-fuell-mich-der-billionen-euro-schwindel-um-corona.html.

Ziegler, Jean: Was ist so schlimm am Kapitalismus?: Antworten auf die Fragen meiner Enkelin. München 2019.

Zitelmann, Rainer: Der neue Antikapitalismus von Rechts; https://www.misesde.org/2022/04/der-neue-antikapitalismus-von-rechts/.

Quellen der Aphorismen

<u>Hinweis:</u>

Die Internetquellen wurden in den Monaten Mai, Juni, Juli, September und Dezember 2022 abgerufen.